EDAF

MADRID - MÉXICO - BUENOS AIRES - SAN JUAN

GRAFOLOGÍA FÁCIL

Dime cómo escribes y te diré cómo eres

José Javier Simón

MOSAICO

A mis padres

Índice

Págs.

Prólogo

C UANDO EMPECÉ a estudiar Zoología en la Universidad quería conocer la forma de actuar de los animales, la «manera de ser» de cada especie, incluso si se podían llegar a distinguir diferentes «personalidades» en los distintos individuos, al menos en las especies más evolucionadas.

Luego me di cuenta que eso no se estudiaba en la Universidad, donde todo se centraba en nombres en latín y evolución de las especies, pero poco o nada sobre el modo de ser y la forma de vida de cada animal.

Sin embargo, quiso la suerte que me invitasen a un curso de Grafología al que acudí por pura curiosidad. Y poco a poco empecé a darme cuenta de, que analizando los rasgos de la escritura, se podía llegar a saber cómo era el más interesante de todos los animales que habitan la tierra: «El animal humano».

Así que fui profundizando en el tema, primero estudiando las leyes de la Grafología y luego comprobando en la práctica cómo se cumplían con un rigor más que aceptable.

Mi contacto con psicólogos me hizo ver que en realidad estaba aplicando un test a cada persona a quien analizaba la escritura. Y precisamente de los llamados «proyectivos», ya que cuando escribimos a mano, queramos o no, estamos proyectando nuestra personalidad sobre el papel.

El colmo fue cuando pude comprobar que los resultados coincidían en gran medida con los obtenidos mediante otros tests, algunos tan reconocidos a nivel mundial como el de Rorschach.

Y así fue como fui pasando de la Zoología animal a la humana, siempre con la Grafología como forma de conocer a las personas.

Les confesaré una cosa: me fío mucho más de lo que puedo deducir de alguien al analizar grafológicamente su escritura que de todo aquello que me puedan contar o decir. O sea, que utilizo la Grafología no solo en mi vida profesional sino en la privada.

Espero que este libro también les sirva a ustedes para conocer mejor a las personas. Cuando lo lean y empiecen a utilizarlo, fíense de las conclusiones que saquen porque seguro que serán acertadas. Naturalmente, si siguen «al pie de la letra» todo lo que aquí se explica. Háganlo así y ya me contarán.

JOSÉ JAVIER SIMÓN

INTRODUCCIÓN

¿Qué es la Grafología?

CUANDO ESCRIBIMOS a mano sobre un papel estamos proyectando en él nuestra personalidad, que va inseparablemente unida a nuestra escritura.

No existen dos escrituras iguales, lo mismo que no hay dos personas idénticas, sino que cada forma de escribir resulta absolutamente personal e intransferible.

Desde luego que hay letras más personales o más originales que otras —¡no cabe duda!—, pero lo cierto es que cada persona va elaborando su propia forma de escribir a base de ir adoptando como propios los rasgos que se ajustan a su forma de ser.

Lo mismo que escogemos la ropa que más nos gusta y de esa manera vamos creando nuestro propio estilo de vestir, así también elegimos aquellas formas de letras, trazos, etc., que se ajustan más a nuestra forma de ser, partiendo siempre —claro está— de los modelos de escritura que aprendimos en el colegio y que nos sirven como base.

De esta manera, podemos considerar a la escritura como un auténtico «traje a medida de nuestra personalidad» que nosotros mismos nos vamos haciendo a lo largo de la vida.

Por eso la escritura cambia según evoluciona la personalidad, siendo distinta en cada etapa de nuestro desarrollo como personas. Y lo mismo ocurre con la firma y la rúbrica, auténticos símbolos de lo más profundo de nuestra forma de ser.

Una vez claro que la forma de escribir es un fiel reflejo de la personalidad, podemos definir la Grafología como el conjunto de leyes que permiten deducir cómo es una persona analizando los rasgos de su escritura.

¿Podemos, pues, afirmar que la Grafología es una ciencia? Pues no exactamente, porque esta afirmación equivaldría a decir, por ejemplo, que el teorema de Pitágoras lo es. La ciencia, en este caso, son las Matemáticas y, en el caso de la Grafología, es la Psicología.

Sí, señores, la Psicología, esa polémica y denostada ciencia que intenta conocer algo tan difícil y complicado como son la personalidad y el comportamiento humanos.

La Grafología es, por tanto, una parte de la Psicología, pudiendo ser considerada como un test de los llamados «proyectivos», basándonos en el hecho —antes comentado— de que al escribir a mano de forma espontánea, las personas proyectamos nuestra personalidad en el papel.

Así que hay que considerar a la Grafología como una prueba proyectiva mediante la que se pueden valorar las diferentes facetas que integran tanto la inteligencia como las aptitudes y —por supuesto— la personalidad.

Se puede elaborar, por tanto, un perfil muy completo de una persona, simplemente analizando los rasgos de su escritura, pudiéndose llegar a determinar aspectos tan curiosos e insospechados que no es de extrañar que se considere la Grafología como algo mágico y a los grafólogos como esotéricos.

La verdad es que la Grafología resulta tan curiosa, tan «alucinante» (como se dice ahora), que no es raro que la gente la incluya dentro de lo que se conoce como «esoterismo».

Quiero aprovechar la ocasión para declarar mi absoluto respeto por todo este tipo de ciencias, saberes, magias o como se les quiera llamar. Yo soy «de ciencias», por lo menos me licencié en ellas en la Universidad Complutense de Madrid, y precisamente por eso no soy escéptico. Pienso que «todo este tipo de cosas» puede y debe tener su razón de ser, no en vano llevan utilizándose desde hace milenios.

¿Que hay mucho cuentista metido a mago, astrólogo, vidente, etc.? Claro que sí, pero eso ocurre en todas las profesiones y, también como en todas, existen auténticos profesionales que realizan excelentes trabajos en estas materias.

Sin embargo, quiero también dejar muy claro que la Grafología no puede ni debe ser considerada «ciencia oculta» porque, en primer lugar, ya hemos explicado que no se trata de una ciencia como tal y, por otro lado, no tiene nada de «oculta», pues sus leyes pueden aprenderse con relativa facilidad como comprobarán cuando terminen de leer este libro.

¿Para qué sirve?

Desde el momento en que analizando grafológicamente la escritura de una persona, podemos conocer cómo es su inteligencia, cuáles son sus aptitudes y cuál es su esquema de personalidad, se puede comprender fácilmente que las aplicaciones de este increíble test son casi ilimitadas.

Decirle a una persona que escriba unas líneas y firme es una de las pruebas psicológicas más sencillas y menos traumatizantes.

Analizándolas grafológicamente, se pueden deducir una serie de datos sobre el autor o autora, tanto más extensos y fiables cuanto mayor sea la muestra escrita y en mejores circunstancias haya sido realizada. Si, además, se dispone de escrituras de las personas de su entorno, se podrá completar el panorama psicosocial del paciente.

Esta es la faceta psicológica y/o psiquiátrica de la Grafología, que también se utiliza para hacer informes personales para todos aquellos que quieran tener un mejor conocimiento de sí mismo y/o de su pareja, familiares, etc.

En selección de personal para empresas, la Grafología es eficacísima, sobre todo a la hora de preseleccionar personas cuyas características sean idóneas para un determinado puesto de trabajo.

El análisis previo de sus escrituras permite centrarse en aquellos que realmente tienen posibilidades de acceder al mismo, lo que hace la selección mucho más cómoda y fluida, tanto para seleccionadores como para seleccionados.

A los profesores, la Grafología les permite conocer cómo son sus alumnos, cuáles son los puntos débiles que deben mejorar y las cualidades que hay que potenciar en ellos, así como orientarlos en sus estudios según sus aptitudes y personalidad.

Es interesantísimo saber cómo son y, por tanto, como pueden comportarse las personas en un momento dado. Para ello lo ideal es conocerlas, pero si eso no es posible y disponemos de una carta manuscrita, una nota o, al menos, una firma, la Grafología nos puede ayudar. Esta es una de las aplicaciones que podríamos llamar «cotidianas» de esta técnica, que se puede utilizar en todo tipo de relaciones humanas.

Si se sabe Grafología o se consulta a un experto, se pueden conocer una serie de datos sobre la forma de relacionarse las personas entre sí, ya sean parejas, familiares, socios entre sí, vendedores y clientes, acreedores y deudores, jefes y subordinados, compañeros de trabajo, etc. Basta con disponer de algo escrito por estas personas, cuanto más mejor, pero a veces una sola nota o una firma nos puede dar una serie de claves muy interesantes.

El conocimiento de la morfología de la escritura permite al grafólogo analizar los rasgos característicos de la escritura de cada persona. Estos son personales e irrepetibles, por lo que se puede reconocer al autor de una escritura o una firma con gran fiabilidad, incluso si se ha intentado disimular la letra o falsificar la firma. Es la faceta «pericial caligráfica» de la Grafología, muy utilizada por jueces, policía, detectives, bancos, etc.

Por último, también es interesantísimo conocer los personajes históricos por su escritura. Se puede uno llevar sorpresas, porque no siempre son las personalidades como nos las presenta la Historia. La Grafología nos da una visión más fresca y real de los personajes, solo tiene el inconveniente de que hay que aplicar las leyes grafológicas a la escritura de la época, por lo que conviene tener una documentación escrita lo más extensa posible para saber cuál era la forma más normal de escribir en ese periodo de la historia y, más aún, en el país o la zona à que pertenezca el personaje en cuestión.

¿Qué escritos o firmas se deben analizar?

Pues eso depende de lo que se quiera profundizar en el análisis. Desde luego, lo mejor es disponer de un escrito espontáneo, realizado en papel blanco y con el tipo de útil de escritura con el que la persona suela escribir, ya sea bolígrafo, pluma, rotulador, etc.

Es ideal que este escrito ocupe más de un folio con objeto de que se pueda analizar el margen inferior, cosa que no es posible si no se cambia de hoja.

Por cierto, que las hojas pueden ser tamaño folio o cuartilla y colocarse de forma vertical o apaisada, según tenga costumbre de escribir la persona analizada, ya que, sobre todo, buscamos la espontaneidad.

No importa el contenido del texto que se escriba: no se tiene en cuenta en Grafología. Se puede incluso copiar de un libro o revista, pero sí conviene que se escriba al ritmo con que la persona suele escribir, por lo que no son válidos los escritos al dictado ni los apuntes de clase.

También es importante que se escriba en un ambiente de tranquilidad, sin prisa, sin tensiones, en una buena temperatura, sin ruidos, etc. Y en una postura cómoda y apoyando el papel sobre una superficie lisa. Lo mejor es poner varias hojas de papel para hacer de almohadilla.

El escrito debe estar firmado. Es muy importante, ya que en la firma se aprecian factores profundos de la personalidad que pueden no aparecer en el texto.

La firma mejor para ser analizada es la más habitual, aunque es ideal que se realicen todos los tipos de firma que la persona posea: la «oficial» (banco, documentos, etc.), la «de amigos», con la que se suelen firmar cartas personales, postales, notas, etc., y el «visé» o firma resumida si se tiene.

En el caso de los famosos, muchos poseen una firma basada en su nombre artístico que puede diferir mucho de la personal. Es interesante disponer de las dos para analizar hasta qué punto se transforma la persona cuando ejerce su faceta artística.

Si es posible, se deben pedir varias muestras de escrituras y firmas realizadas en distintos momentos. Cuantos más datos gráficos tengamos, mejor podremos realizar la valoración grafológica de la escritura y más fiables serán las conclusiones a las que lleguemos.

Está claro que todas estas circunstancias ideales no se suelen cumplir, y esto hay que tenerlo muy en cuenta a la hora de hacer un informe, pues la fiabilidad del mismo está en función directa de la validez de la muestra de escritura.

CAPÍTULO I

La simbología de la escritura

COMO EN CUALQUIER ACTIVIDAD humana, los símbolos son absolutamente fundamentales y, en el caso de la Grafología, lo son también para entender en profundidad muchas de sus leyes.

Por tanto, antes de «entrar en materia» propiamente dicha, vamos a dejar muy claros una serie de significados simbólicos en relación con la escritura: el papel en abstracto, el texto escrito en su conjunto y, sobre todo, las cinco zonas claves.

Entendiendo todo esto, se tiene avanzado no poco trecho en el aprendizaje grafológico. Así que, ¡vamos a ello!

¿Qué simboliza el papel?

Dicen los escritores que una de las cosas más aterradoras es tener delante una hoja en blanco. Algo parecido sienten los estudiantes cuando van a empezar un examen, aunque aquí los terrores pueden tener otras connotaciones.

Dejando casos extremos aparte, lo cierto es que siempre tenemos los humanos una relativa prevención ante esa hoja en blanco que se presenta ante nosotros.

Quizás, sea porque lo que se escriba en ella, escrito está, y el viento ya no se lo puede llevar o, al menos, no tan rápido como se lleva las palabras, por ejemplo.

Pero la relativa persistencia de lo escrito no puede ser la única razón de esos temores, así que cabe hacerse la siguiente pregunta: ¿qué misterio, qué significado profundo, qué ocultos resortes mueve en nosotros ese papel nuevo, esa hoja en blanco que a veces tanto nos preocupa?

La respuesta es tan clara como lógica: el papel en blanco simboliza, desde un punto de vista grafopsicológico, nada menos que la vida. Sí, la vida, pero entendida en dos aspectos fundamentales: el tiempo de que disponemos y las posibilidades que nos ofrece.

Y todo eso es lo que, a veces de forma más intensa que otras —depende del momento—, pasa por nuestro inconsciente cuando un papel en blanco se presenta ante nosotros. Quizá sea ese miedo que en el fondo todos los humanos tenemos a la vida, uno de los factores, aparte de la pereza, para que cada vez escribamos menos, sobre todo a mano.

Pero una vez perdida esa prevención inicial, lo cierto es que la mayoría de las veces uno escribe, y escribe algo, unas líneas en una nota, una postal, una carta, etc. En cualquier caso, se ha escrito un «texto», el cual, considerado en su conjunto, también tiene un significado grafológico.

¿Qué simboliza el texto escrito?

El texto que se escribe sobre el papel representa a la persona que escribe, es su propio «yo», su «ego» proyectado en el papel. Es la persona situada en la vida según lo que su propio inconsciente le dicta.

En una hoja escrita siempre aparece una parte ocupada por las letras que forman las palabras, las frases y los párrafos. Toda esta zona escrita corresponde al terreno personal, mientras los espacios en blanco, sean márgenes o zonas entre letras, palabras, líneas o párrafos, son el terreno vital simbólico que se cede a los demás. De esta forma, el texto considerado como un todo compacto se situará en una de las cinco zonas que vamos a ver a continuación.

Las cinco zonas

Decía el eminente grafólogo suizo de principios del siglo XX Max Pulver que «al escribir en el papel, el hombre se mueve entre el cielo y el abismo, entre el pasado y su futuro». Están ahí resumidas las interpretaciones de las primeras cuatro zonas de la escritura: superior, inferior, izquierda y derecha. Falta solo la central, que veremos luego.

Matizando las palabras de Pulver, en la zona superior de la escritura (o de cualquier realización proyectiva, dibujos, garabatos, etc.) se sitúan los aspectos teóricos, creativos y espirituales de la persona. Predomina aquí claramente lo intelectivo, así como las posiciones de dominio, de poder, incluso de imposición.

Por el contrario, en la zona inferior se refleja todo lo material e instintivo, así como lo eminentemente práctico. Es la zona de la estereotipia, contrapunto de la creatividad, o bien de los proyectos prácticos, muy concretos. En esta zona aparece también la subordinación, el dejarse llevar, la sumisión en último término.

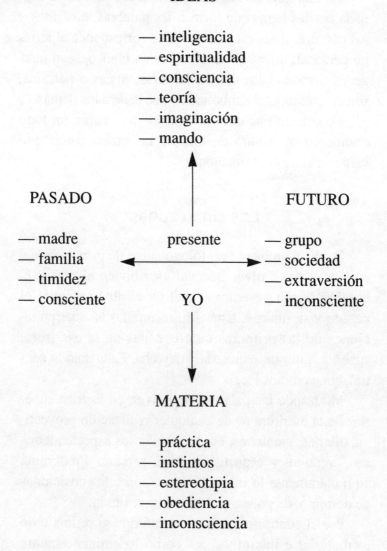

IDEAS

— inteligencia
— espiritualidad
— consciencia
— teoría
— imaginación
— mando

PASADO

— madre
— familia
— timidez
— consciente

presente

YO

FUTURO

— grupo
— sociedad
— extraversión
— inconsciente

MATERIA

— práctica
— instintos
— estereotipia
— obediencia
— inconsciencia

FIG. 1. *Resumen de la teoría de Max Pulver: simbolismo de las zonas del escrito o de cualquiera de sus partes (párrafos, líneas, palabras y letras) o de cualquier tipo de expresión gráfica: garabatos, dibujos, etc.*

Al escribir de izquierda a derecha «caminamos» por el papel desde nuestro «yo» hacia los demás, desde el pasado hasta el provenir. Es lógico, pues, que en la zona de la izquierda se localicen lo pretérito en lo temporal y la introversión en lo personal. También se asocian a ella todo lo relacionado con la figura materna, la familia de origen, la timidez y la inhibición.

Y en la zona de la derecha están, por el contrario, las expectativas vitales, todo lo que la vida puede ofrecernos de nuevo, la extraversión, la sociabilidad, las realizaciones de los proyectos (simbólicamente situados a la izquierda), el futuro, en suma.

En el centro se localizan las tendencias egocéntricas, es la manifestación más palpable del «yo». En lo temporal es el presente. También se considera la zona del autocontrol.

Es muy importante señalar que estas interpretaciones no solo son válidas para las zonas del texto, sino también para las partes en que este se puede dividir: párrafos, líneas, palabras y letras.

Otra cuestión vital para empezar a adentrarse en el mundo de la Grafología es tener en cuenta que cuando se empieza a escribir lo hacemos con un control mucho mayor, ponemos mucho más cuidado que a medida que vamos avanzando en el escrito. Los finales de párrafo, de línea o de letra suelen ser mucho más espontáneos que los comienzos, por lo que nos ofrecerán una imagen mucho más real de la persona analizada.

Existe, por tanto, un auténtico «gradiente de consciencia» que va desde la zona superior izquierda a la inferior derecha.

Y todo esto tiene lugar no solo en la escritura, sino en cualquier otro tipo de manifestación gráfica de la persona: dibujos, garabatos, pinturas, etc. Incluso en los tests en los que se pide al sujeto que interprete una serie de dibujos o manchas, también entra en juego esta simbología.

CAPÍTULO II

¿Dónde estamos?

Los márgenes

EL TEXTO considerado en su conjunto, como si se tratase de un dibujo hecho a base de letras que se coloca sobre el papel, representa la personalidad de quien escribe, mientras el papel simboliza el ambiente vital en el que se desenvuelve.

Por lo tanto, la situación del texto tiene una relación directa con la ubicación social de la persona. Y esta colocación del texto escrito en el papel la medimos en Grafología por los márgenes, entendidos como las distancias de las letras a los cuatro bordes del papel.

Estas distancias son personales, es decir, que cada persona suele dejar unos márgenes característicos y peculiares: se empieza a escribir a una cierta distancia del borde superior del papel, se dejan luego unos determinados márgenes (izquierdo y derecho) y se termina cada página a una distancia más o menos fija del borde inferior de la hoja. Por lo tanto, aunque normalmente se suelan considerar solo los laterales, en Grafología existen cuatro márgenes a tener en cuenta: superior, inferior, izquierdo y derecho.

Cuando se escribe en otro formato de papel distinto del folio habitual (cuartilla, bloc de notas, etc.), los márgenes de una persona determinada son muy parecidos en cuanto a sus proporciones. Es decir, se suelen dejar —salvo circunstancias muy especiales— los mismos márgenes, independientemente del formato de papel, naturalmente medidos no en milímetros, sino en proporción de las medidas del propio papel.

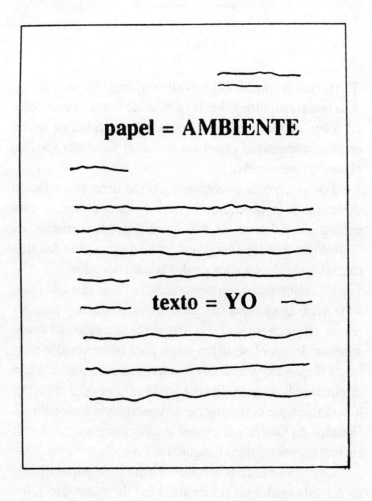

FIG. 2. *Significados simbólicos de texto y papel.*

Dependiendo de los márgenes, la situación del texto en el papel será una u otra, desplazándose hacia arriba o abajo según sean los márgenes superior e inferior más o menos grandes. El desplazamiento hacia la derecha o la izquierda, o la posición centrada del texto, dependerá del tamaño de los respectivos márgenes izquierdo y derecho. Veamos con detalle cada uno de ellos.

El margen superior

Ya superado ese miedo o prevención inicial a escribir y dispuestos ya a posar el bolígrafo o la pluma o el rotulador sobre el papel, ¿dónde lo haremos?, ¿en qué parte del papel?, ¿a qué distancia del borde superior del mismo?

Evidentemente es distinto según se trate de una carta de trabajo, una instancia a un organismo oficial, unos apuntes o una carta a familiar o un amigo.

Cuanto más arriba empecemos a escribir, más cerca nos sentimos de aquel a quien estamos escribiendo: cuando se escribe a un amigo se hace un margen superior mucho menor que si se está escribiendo a una persona desconocida, y no digamos a un estamento oficial. De hecho, los modelos de «instancias» tienen un enorme margen superior: ¡por algo será!

En general, el margen superior pequeño demuestra predisposición a las relaciones sociales, cercanía hacia las personas.

También hay que tener en cuenta que se ponga dirección y fecha, solo esta última, o se empiece directamente por el «Muy Sr. mío», «Estimado/a», «Ilmo.», «Querido/a», etc.

O bien que lo primero sea ya el primer renglón, bien porque sea una nota, apuntes o la segunda, tercera, cuarta, etc., hojas de una carta, en las que el encabezamiento ya no tiene sentido.

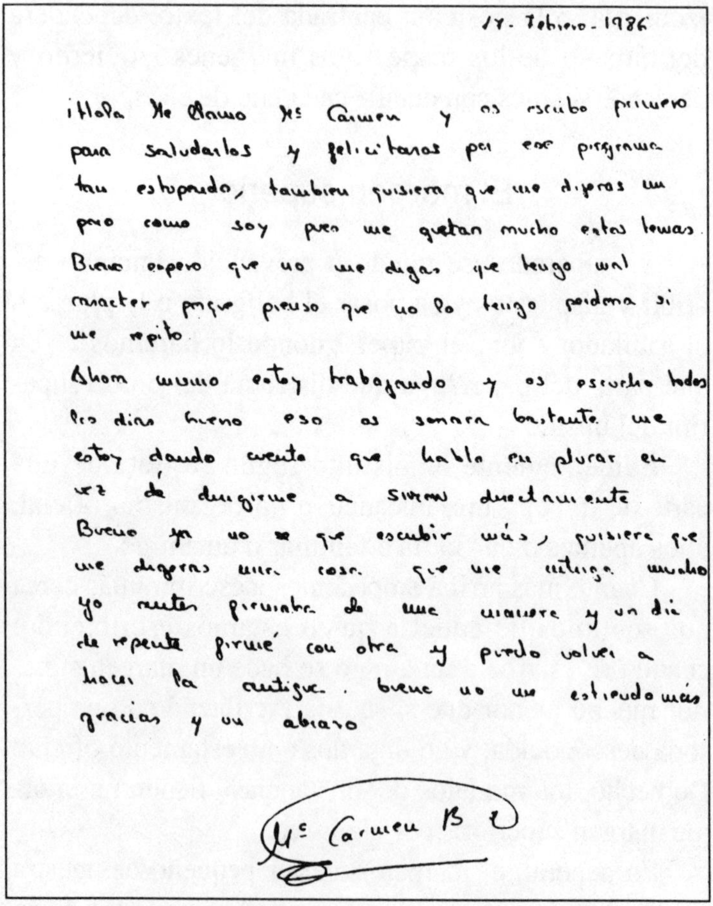

17 - Febrero - 1986

¡Hola! Me llamo Mª Carmen y os escribo primero para saludaros y felicitaros por ese programa tan estupendo, también quisiera que me dijeras un poco como soy pues me gustan mucho estos temas. Bueno espero que no me digas que tengo mal caracter porque pienso que no lo tengo perdona si me repito.

Ahora mismo estoy trabajando y os escucho todos los dias bueno eso os sonara bastante me estoy dando cuenta que hablo en plural en vez de dirigirme a Sirena directamente. Bueno ya no se que escribir más, quisiera que me dijeras una cosa que me intriga mucho yo antes firmaba de una manera y un dia de repente firmé con otra y puedo volver a hacer la antigua. bueno no me estiendo más gracias y un abrazo

Mª Carmen B.

FIG. 3. *Margen superior muy pequeño.*

La fecha roza el borde superior del papel y el encabezamiento no existe, pues se convierte ya en el primer renglón. Esta persona tenderá a hacer contactos rápidos, tomando confianza enseguida. Hay también claros síntomas de idealismo, al quedar el texto desplazado hacia la zona superior.

Lo normal es que la primera línea se sitúe del borde superior del papel a una distancia de entre un 25 y un 30 % de la longitud total de la hoja, si se trata de la primera, y entre un 10 y un 15 % a partir de la segunda.

El margen inferior

Hay que considerarlo solo a partir de la segunda página, ya que el de la primera dependerá de la cantidad de texto escrito.

Cuando una persona está escribiendo y se le va terminando el papel, siente que va a tener que cambiar a otra hoja o bien acabar en esa como sea, acortando el texto, apretando las líneas, aprovechando más el papel, etcétera. O sea, que es una auténtica prueba el ver como cada uno se enfrenta al hecho de tener que cambiar de papel y al observar esto también sabremos algo más de como es esa persona.

Se considera lo normal dejar un margen inferior de entre un 10 y un 15 % de la longitud total de la página. Si es menor, simboliza que la persona se aferra al papel, que no quiere cambiar de hoja. Es decir, que le cuesta cambiar de situaciones, de ambiente. Además, indica que aprovecha el tiempo, el dinero y el esfuerzo, o sea, que hace economías en todos los sentidos, al igual que hace con el papel.

Si, por el contrario, el margen inferior es grande, la persona no tiene por qué ser una despilfarradora, pero sí será cierto que se preocupará menos de hacer economías, lo mismo que se adaptará mejor a los cambios.

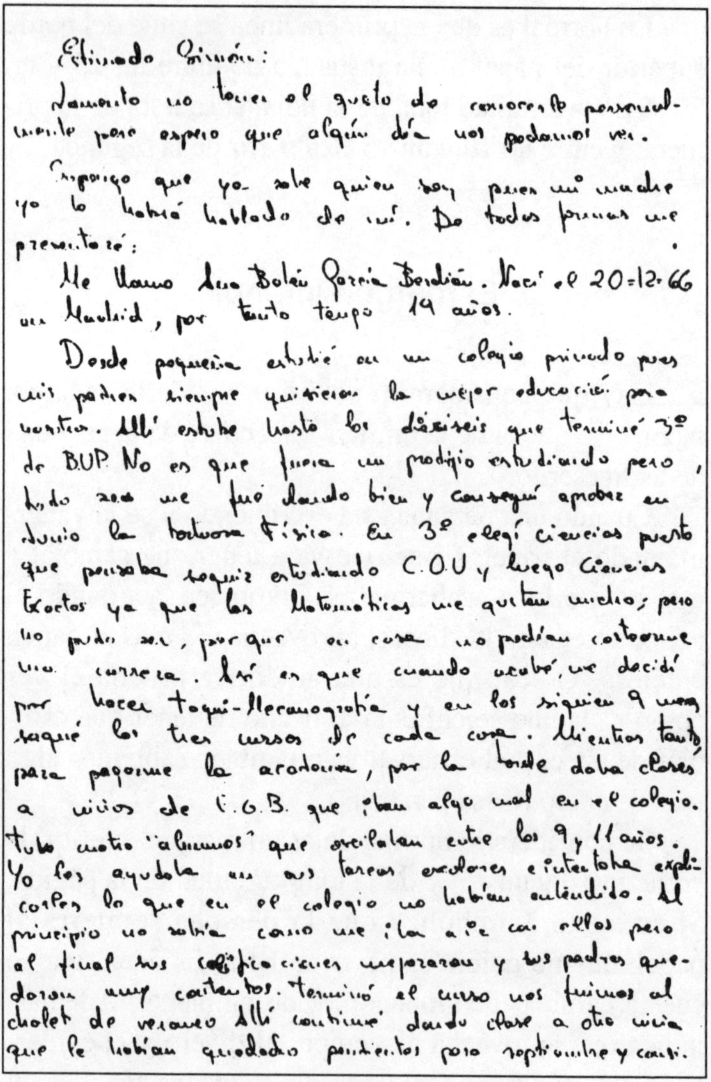

Estimado Simón:

Lamento no tener el gusto de conocerte personalmente pero espero que algún día nos podamos ver.

Supongo que ya sabe quien soy, pues mi madre ya le habrá hablado de mí. De todas formas me presentaré:

Me llamo Luis Bolán García Bordián. Nací el 20-12-66 en Madrid, por tanto tengo 14 años.

Desde pequeño estudié en un colegio privado pues mis padres siempre quisieron la mejor educación para nosotros. Allí estuve hasta los dieciseis que terminé 3º de B.U.P. No es que fuera un prodigio estudiando pero, todo sea me fué dando bien y conseguí aprobar en Junio la tortura Física. En 3º elegí ciencias puesto que pensaba seguir estudiando C.O.U y luego Ciencias Exactas ya que las Matemáticas me gustan mucho; pero no pudo ser, porque en casa no podían costearme una carrera. Así es que cuando acabé, me decidí por hacer taqui-Mecanografía y en los siguientes 9 meses saqué los tres cursos de cada cosa. Mientras tanto para pagarme la academia, por la tarde daba clases a niños de E.G.B. que iban algo mal en el colegio. Tuve muchos "alumnos" que oscilaban entre los 9 y 11 años. Yo les ayudaba en sus tareas escolares e intentaba explicarles lo que en el colegio no habían entendido. Al principio no sabía como me iba a ir con ellos pero al final sus calificaciones mejoraron y sus padres quedaron muy contentos. Terminó el curso nos fuimos al chalet de verano. Allí continué dando clase a otro niño que le habían quedado pendientes para septiembre y consi-

FIG. 4. *Margen inferior muy pequeño.*

Los últimos renglones han quedados prácticamente «pegados» al margen inferior, síntoma evidente de la «pereza psicológica» que esta persona tiene para cambiar de hoja o, lo que es igual, de ambiente.

El margen izquierdo

Lo normal es situar los comienzos de línea entre un 10 y un 15 % de la anchura total del papel que se utiliza. Ya hemos visto en el capítulo anterior la simbología de la zona de la izquierda, por lo que resultan más fáciles las interpretaciones de este margen.

Si se deja pequeño, indica que a la persona le interesa el pasado, la familia de origen, las tradiciones, los recuerdos, etc. Probablemente tenga buena memoria, sobre todo si el margen está bien alineado, lo que también quiere decir que se hace un esfuerzo por ser ordenado/a. Que se consiga o no ya es otro cantar, pero la intención existe. También es un síntoma de ahorro, como ocurre con todos los márgenes pequeños, que implican un mayor aprovechamiento del papel.

En el caso de que sea grande, puede ser que la persona, por las razones que sean, está más pendiente del futuro que de lo que ya ha ocurrido. Si es exageradamente grande, puede haber desarraigos de la familia: no se quiere saber nada de la vida anterior ni del pasado en general.

Cuando el margen izquierdo es cada vez menor a medida que se avanza en el escrito, indica que la persona quiere reducir presupuestos en general. Es decir, que esta es una tendencia natural suya, por las razones que sean.

Si es mayor cada vez, ocurre lo contrario, o sea, que si se piensa gastar «X», al final, por unas u otras cosas, lo cierto es que se gasta más de lo presupuestado. Pero no solo nos referimos a gastos de tipo económico, sino también de esfuerzo, trabajo, tiempo, etc. Son las personas que «se dan» frente a las que «se retraen».

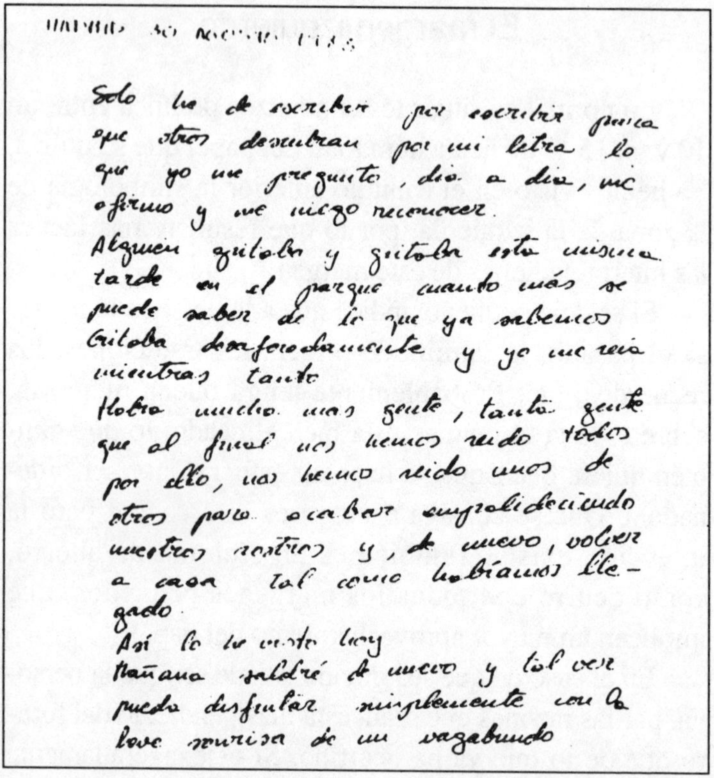
Solo he de escribir por escribir nunca
que otros descubran por mi letra lo
que yo me pregunto, día a día, me
afirmo y me niego reconocer.
Alguien gritaba y gritaba esta misma
tarde en el parque cuanto más se
puede saber de lo que ya sabemos
Gritaba desaforadamente y yo me reía
mientras tanto
Había mucha más gente, tanta gente
que al final nos hemos reído todos
por ello, nos hemos reído unos de
otros para acabar empalideciendo
nuestros rostros y, de nuevo, volver
a casa tal como habíamos lle-
gado.
Así lo he visto hoy
Mañana saldré de nuevo y tal vez
pueda disfrutar simplemente con la
leve sonrisa de un vagabundo

FIG. 5. *Margen izquierdo grande y creciente.*

Hay un claro deseo inconsciente de despegarse del pasado, simbolizado por el margen izquierdo, a la vez que los presupuestos se superarán en todos los aspectos.

El margen izquierdo irregular habla de luchas interiores, de emotividad y también de desorden. Es un rasgo de anarquía e inmadurez. Como en todos los casos de variaciones importantes en la escritura, se trata de personas con frecuentes cambios.

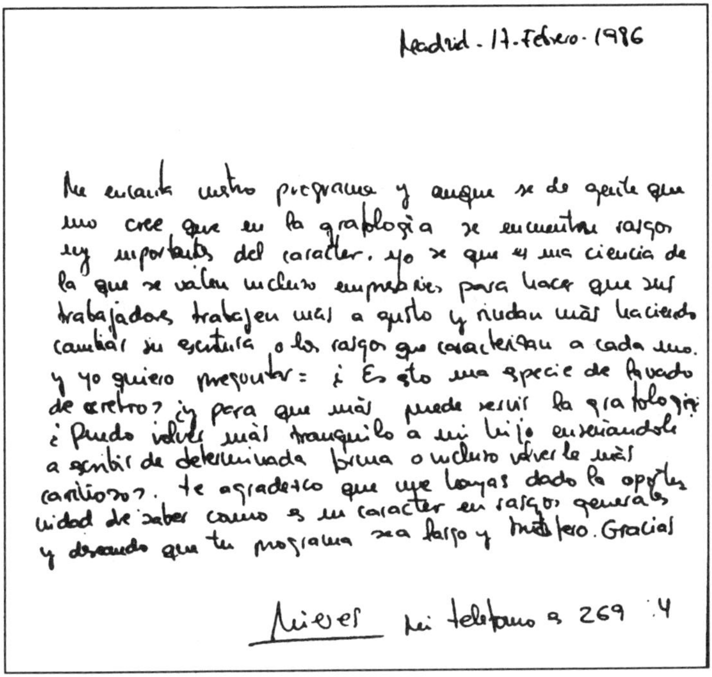
Madrid - 17 - Febrero - 1986

Me encanta vuestro programa y aunque se de gente que no cree que en la grafología se encuentran rasgos muy importantes del carácter, yo se que es una ciencia de la que se valen incluso empresarios para hacer que sus trabajadores trabajen más a gusto y ayudan más haciendo cambiar su escritura o los rasgos que caracterizan a cada uno. y yo quiero preguntar: ¿Es esto una especie de lavado de cerebro? ¿y para que más puede servir la grafología? ¿Puedo volver más tranquilo a mi hijo enseñándole a escribir de determinada forma o incluso volverle más cariñoso?. te agradezco que me hayas dado la oportunidad de saber como es mi caracter en rasgos generales y deseando que tu programa sea largo y duradero. Gracias

Nieves mi teléfono es 269 4

FIG. 6. *Margen izquierdo decreciente.*

En este caso, se miran muy bien los presupuestos, con clara tendencia a los «recortes» de los mismos. También existe una tendencia a la retracción de tipo inconsciente.

El margen derecho

Los cambios en este margen son menos preocupantes que en el izquierdo, ya que es más normal y lógico que ocurran aquí. Esta es una zona mucho más inconsciente, donde la mano y el cerebro que la rige se relajan más.

Su valor considerado como normal oscila alrededor de un 10 % de la anchura total del papel, o sea, igual o algo menor que el izquierdo.

Pero dejemos las frías medidas y empecemos a adentrarnos en los significados. Hay al respecto una metáfora algo cursi pero muy ilustrativa: «El margen derecho es como el precipicio de la vida al cual se asoma quien escribe». Es verdad, cuando nos vamos aproximando al margen derecho, nuestro inconsciente siente que el terreno (el papel) se acaba bajo sus pies, que todos los peligros están ahí, acechantes, dispuestos a «devorar» al que ose invadir ese terreno.

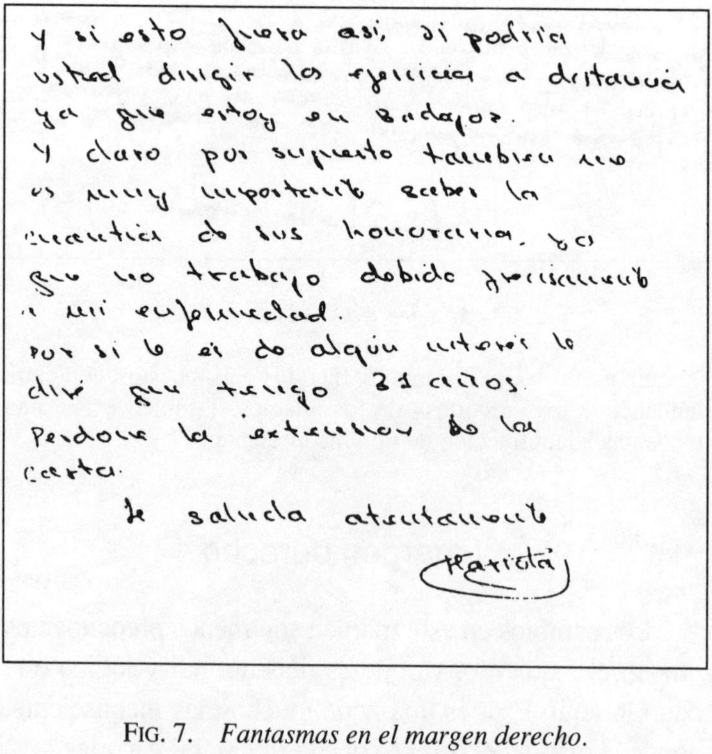

y si esto fuera así, si podría
usted dirigir los ejercicios a distancia
ya que estoy en Badajoz.
y claro por supuesto también me
es muy importante saber la
cuantía de sus honorarios, ya
que no trabajo debido precisamente
a mi enfermedad.
por si le es de algún interés le
diré que tengo 31 años.
Perdone la extensión de la
carta.
Le saluda atentamente

FIG. 7. *Fantasmas en el margen derecho.*

Al pasarse al reglón siguiente palabras que cabrían en el anterior se producen estas zonas en blanco en el margen derecho que son un claro síntoma de preocupaciones por el porvenir.

Puede ser por eso por lo que las personas timoratas levanten antes el bolígrafo y corran a refugiarse en la zona izquierda del papel. Soportan peor la presión que supone hacer frente al futuro, a los problemas, a los demás, a todo lo desconocido y muchas veces por ello preocupante.

Por tanto, a mayor margen derecho, mayor retracción, más deseo de seguridad, más timidez, más indecisión.

A veces se forman unos huecos blancos en el margen derecho como si este diera una especie de «mordiscos» al texto. Estas zonas se llaman «fantasmas» por simbolizar ese miedo inconsciente ante el porvenir de que hablábamos.

Por último, si el margen derecho es pequeño, la seguridad ante la vida y la facilidad para relacionarse socialmente son mayores. Y no digamos si además es ordenado; entonces el autocontrol es considerable, así como la capacidad de organización en general.

Relaciones entre márgenes

Si todo el texto queda desplazado a la izquierda (margen izquierdo pequeño y derecho grande), se suman ambas interpretaciones, y lo mismo en el caso del texto desplazado a la derecha. En el primer caso existe retracción, y expansión en el segundo.

Cuando ambos márgenes son grandes, el texto se siente «estrecho» en el papel, presionado por el «blanco» de los márgenes. Lo mismo le ocurrirá al autor/a del escrito, que puede sentirse con una considerable dosis de ansiedad.

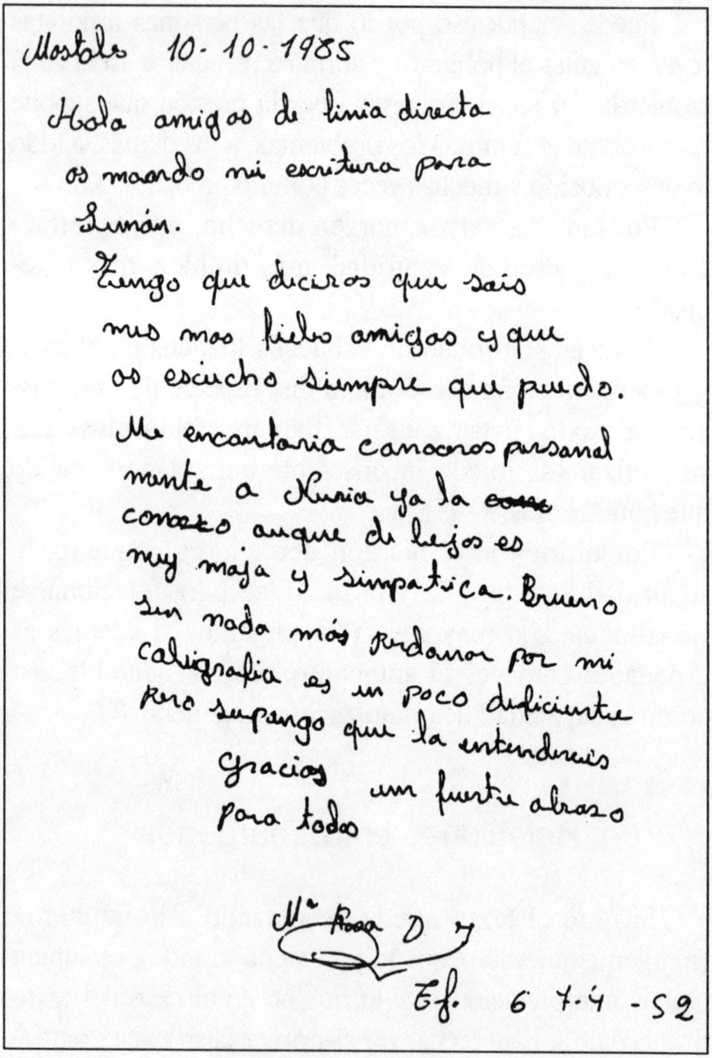

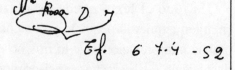

Móstoles   10 · 10 · 1985

Hola amigos de linia directa
os mando mi escritura para
Simón.

Tengo que deciros que sois
mis mas fieles amigos y que
os escucho siempre que puedo.

Me encantaria conoceros personal
mente a Nuria ya la
conozco aunque de lejos es
muy maja y simpatica. Bueno
sin nada más Perdonar por mi
caligrafia es un poco deficiente
Pero supongo que la entenderéis
Gracias
Para todo   un fuerte abrazo

Mª Rosa D y

Ef.   6 7.4 - 52

FIG. 8. *Márgenes izquierdo y derecho muy grandes.*

El texto aparece desplazado hacia el centro: la persona se
refugia en sí misma, seguramente por sentirse agredida desde el
exterior.

Por el contrario, si el texto se extiende por ambos lados sin apenas dejar márgenes, la persona también extenderá sus atribuciones hasta «pasarse» en las mismas. Hay que tener en cuenta que el texto simboliza el terreno propio frente al ajeno, representado por el blanco restante.

Una persona que escribe desplazando el texto hacia arriba (margen superior pequeño e inferior grande), tenderá también a tomarse excesivas confianzas, y una que haga lo contrario (texto desplazado a la zona inferior), establecerá excesivas distancias sociales.

En general, si se ocupa el papel con el texto, o sea, si los márgenes son pequeños, se ocupa también el terreno psicológico, se tienen muchas defensas en este sentido y, en cambio, si se dejan muchos márgenes, se les está dando demasiada «cancha» a los demás, tendiéndose a la propia inhibición.

Resumiendo, si los márgenes son correctos, la escritura se puede llamar «encuadrada» en el papel, y también la persona lo estará en la sociedad, distinguiendo perfectamente su rol y sabiendo defender su terreno frente al ajeno, sin invadirlo. Es lo que se conoce como persona «asertiva».

Por el contrario, si existen «desencuadres», también habrá desorientación social: o bien se dejará invadir el terreno propio o se asaltará el ajeno, o ambas cosas a la vez.

Además, hay un factor también clave en lo que a ocupación o no del papel se refiere: se trata del mayor o menor aprovechamiento de la energía y de las posibilidades que ese papel en blanco (que simboliza la vida) nos ofrece. A mayor ocupación, más partido se le sacará a la vida, más se aprovechará todo lo que esta nos ofrece.

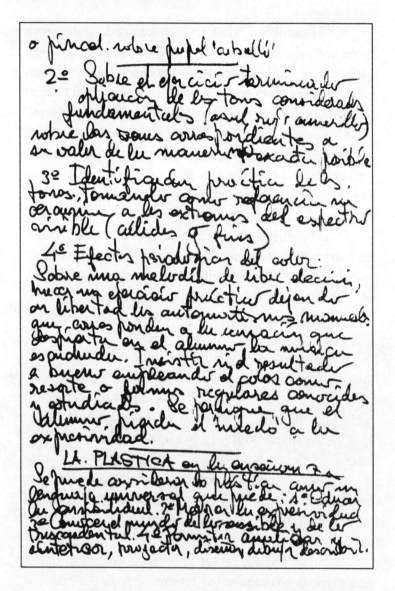

FIG. 9. *Papel ocupado en su totalidad.*

Aquí existe un claro deseo de protagonismo: la persona ocupa todo el ambiente disponible, dejando sin terreno a los demás.

Pero también hay unos límites. Por ejemplo: un aprovechamiento «cicatero» del papel supondría, por ejemplo, un desmedido deseo de ahorro en detrimento de otro tipo de valores tanto personales como puramente estéticos. Y unos márgenes generosos pueden ser síntoma de despilfarro de todo tipo de energías.

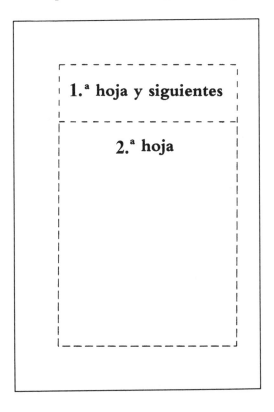

FIG. 10. *Márgenes correctos.*

Plantilla donde se muestran los márgenes considerados como «correctos» que corresponderían a una escritura perfectamente «encuadrada» en el papel. Los márgenes superiores corresponden, respectivamente, a la primera hoja (línea de puntos inferior), y segunda hoja y siguientes (línea de puntos superior).

Lo ideal, no cabe duda, son las escrituras que muestran corrección en los márgenes y en todos los demás elementos escriturales, aunque esto —y más aún en los tiempos que corren— no sea tan fácil de encontrar.

CAPÍTULO III
¿Cómo nos organizamos?
El orden interno del texto

SEGÚN UNA ESCRITURA esté mejor o peor ordenada, su autor será más o menos organizado en su vida en general. Y esto es de una lógica aplastante, sobre todo si tenemos en cuenta que la letra es un fiel reflejo no solo de la personalidad, sino también de las aptitudes, y el orden y la capacidad de organización lo son, y muy importantes.

Pero ¿cuando una letra está mejor o peor ordenada?, ¿cómo se mide el grado de organización de una escritura?

Lo primero es fijarnos en si la letra está mejor o peor hecha, o sea, si se trata de una «buena» o de una «mala letra», cosa que todo el mundo hace ya sea consciente o inconscientemente cada vez que ve algo escrito a mano.

Después conviene observar la distribución de los renglones en el texto, las distancias entre ellos, si están demasiado juntos o muy separados, etc. También es importante analizar la colocación de las palabras dentro de cada renglón y, por último, cómo se distribuyen las letras dentro de las propias palabras.

Buena y mala letra

«¡A ver si mejoras esa letra!» Esta es una de las preocupaciones de muchos padres que ven cómo sus hijos escriben de una manera poco ortodoxa, lejos de las «caligrafías» clásicas.

Y también de muchas personas que sufren de verdaderos complejos cada vez que tienen que escribir a mano por pensar que su letra es fea y/o que no se la entiende nadie.

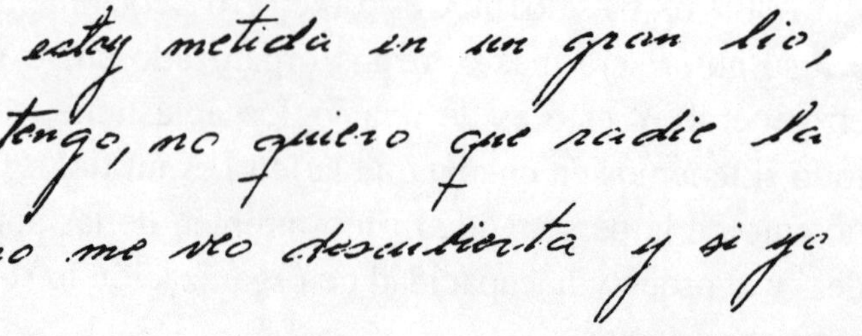

FIG. 11.   *Escritura bien ejecutada («buena letra»).*

Letra casi sacada de un modelo de caligrafía, donde destaca la casi perfecta ejecución de todos y cada uno de los grafismos.

La verdad es que la escritura expresa la personalidad y no hay una correspondencia entre escrituras «bien hechas» y personas maravillosas, lo mismo que los que «escriben mal» no tienen por qué ser unos malvados. En Grafología hay que analizar muchos datos de la escritura, y su ejecución más o menos perfecta, o la mayor o menor legibilidad, no son sino aspectos a valorar, pero nunca definitivos ni determinantes.

Así que lo mejor es que cada uno escriba como le apetezca, sin preocuparse de si su letra es más o menos «buena». Escriba como escriba, esa será una forma más de expresión hacia los demás, lo que siempre es positivo, que al fin y al cabo somos «animales sociales».

Sí podemos asegurar que cuanto mejor estén hechas las letras, existe una mayor facilidad para hacer las cosas con la máxima perfecció. No quiere decir que si las letras están peor ejecutadas la persona no haga las cosas bien, puede hacerlas, aunque es posible que le cueste más trabajo.

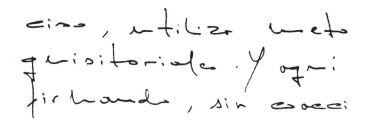

FIG. 12. *Escritura deficientemente ejecutada, aunque legible.*

Si observamos cada letra de esta escritura por separado, es muy posible que no la reconociéramos; sin embargo, en el contexto resulta reconocible y, por tanto, el texto se puede leer sin mayores dificultades.

La legibilidad está en relación con la ejecución. Cuanto mejor estén hechas las letras, más legibles serán, y viceversa. Se considera la letra legible como un síntoma de claridad, tanto de ideas como de formas de comportamiento. Pero hay que insistir que influyen muchos otros factores y que no se pueden tomar estas apreciaciones «al pie de la letra». Por ejemplo, puede haber rasgos de introversión que llevan a la persona a escribir de forma menos legible, siendo sus planteamientos absolutamente claros.

Por tanto, hay que considerar la escritura en todos sus aspectos para sacar conclusiones válidas y el tema de la letra «bien o mal hecha» es uno de los menos adecuados para tener en cuenta de forma aislada.

Distancia entre líneas

Entre dos renglones consecutivos se considera normal que haya una distancia equivalente a 5 ó 6 veces la altura de lo que se llama el «cuerpo medio» de la escritura. Esta es la parte central de las letras, sin tener en cuenta las zonas superiores o «crestas» (de la «b», «d», «f», «h», «k», «l», «t») ni las inferiores o «pies» (de la «f», «g», «j», «p» o «q»).

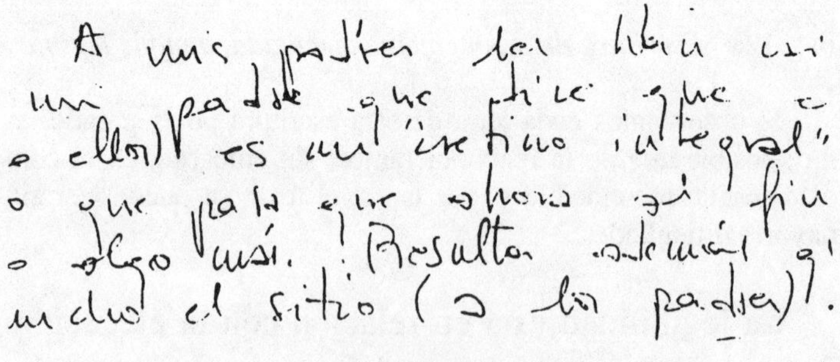

FIG. 13.   *«Roce de líneas»: líneas condensadas.*

Son evidentes los «choques» o «roces» de los pies de cada línea con las crestas de la siguiente, aparte de que entre línea y línea no existe una distancia equivalente a 5 cuerpos medios.

También se mira que los «pies» de las letras de un renglón no se superpongan o rocen con las «crestas» de las letras del siguiente.

Si la distancia entre renglones es menor que lo admitido como normal, se dice que las líneas son condensadas, lo que implica una cierta dificultad para aclarar las propias ideas, así como una tendencia al ahorro por el mayor aprovechamiento de papel que esto supone. Por el contrario, las líneas espaciadas indican pérdidas de energía, tendencia al desembolso, así como ciertas dificultades de relación. Puede ser también un síntoma de escrúpulos de tipo físico.

Entre párrafos es normal que haya una separación algo mayor que la que pueda existir entre dos líneas consecutivas, ya que normalmente los párrafos suponen una separación en las ideas o conceptos expresados en el escrito. Si la separación entre párrafos fuera superior a lo normal, significa que la persona intenta aclarar sus ideas a la vez que las escribe, separándolas físicamente. En lo que concierne a la personalidad, es un síntoma de aislamiento y en las aptitudes se interpreta como necesidad de intercalar periodos de descanso entre la actividad.

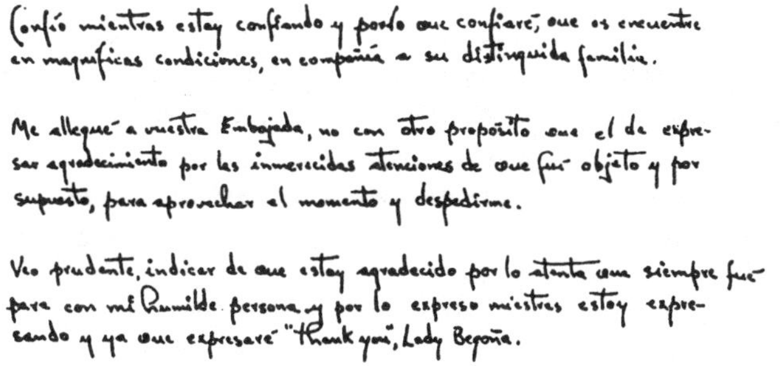

FIG. 14.   *Separación excesiva entre párrafos.*

Es evidente en este caso, pues la distancia es prácticamente el doble de la que existe entre dos líneas consecutivas.

Distancia entre palabras

Más interesante aún que la distancia entre párrafos es la que se deja entre palabras. La norma es que entre cada dos consecutivas exista un espacio en blanco equivalente a una «m» de la propia escritura. Cuando están más separadas de lo que se considera como normal, supone un deseo de aclarar las propias ideas. Hay un hecho muy significativo que apoya esta hipótesis grafológica: cuando se quiere aclarar cualquier cosa, lo que se hace es separar sus partes. Si una mesa de un despacho está llena de papeles, se intentan separar para clarificar el tema que se esté tratando.

El hecho de separar palabras excesivamente produce un fenómeno que es la aparición de zonas en blanco dentro del texto. Se suelen llamar «cuchillos» (o «chimeneas» si son muy largos), y simbolizan los temores ocultos, las

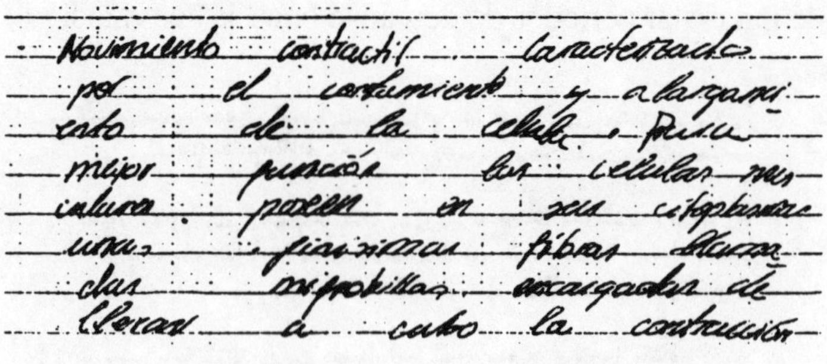

FIG. 15. *Palabras excesivamente separadas: «cuchillos» y «chimeneas».*

Espectacular ejemplo de separación de palabras que dan lugar a verdaderas «chimeneas» (como la de la zona izquierda) y algunos «cuchillos».

angustias más o menos profundas que la persona tiene, pues simbólicamente son como «grietas» en la personalidad, representada por el texto en su conjunto.

Cuando las palabras se juntan demasiado unas a otras, la interpretación es que, aparte de ahorrar papel, se tiende al subjetivismo, a ver las cosas bajo un punto de vista propio que no deja lugar a otro tipo de consideraciones.

Distancia entre letras

Lo primero, las letras: pueden estar más o menos juntas dentro de las palabras. Nos referimos a la distancia entre las partes centrales de cada letra, independientemente de que se unan o no entre sí. Lo normal es que entre el centro de cada dos letras contiguas haya una distancia de una «o» de esa escritura.

Si las letras están muy juntas unas a otras, se interpreta que la persona se cierra bastante «en banda», o sea, que no quiere que los demás se metan demasiado en su vida.

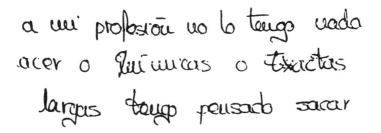

FIG. 16. *Letras muy juntas.*

Aunque no en todo el escrito, sí que aparecen letras adosadas en gran parte de él, sinónimo de «cerrazón» psicológica.

En cambio si se deja excesiva distancia entre ellas dentro de cada palabra, habría quizás demasiada apertura personal, de forma que fácilmente se puede caer en la tentación de ceder terreno psicológico a los demás.

Escritura ordenada o desordenada

Si se consideran no solo la ejecución y la legibilidad, sino también las distancias entre letras, palabras y líneas, tendremos muchos más factores a considerar y las conclusiones serán mucho más fiables.

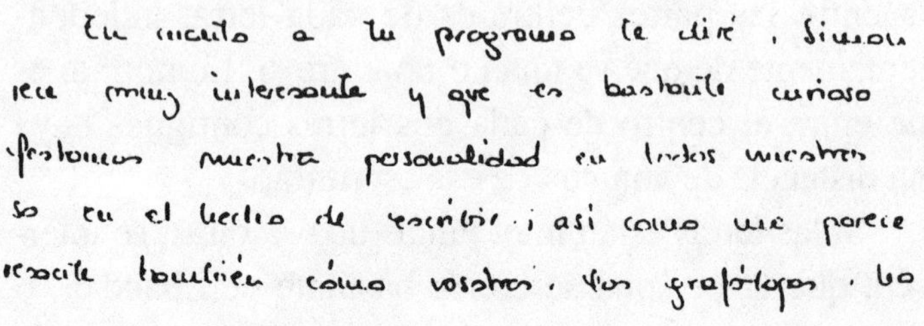

FIG. 17. *Escritura ordenada.*

La legibilidad es buena, así como la ejecución, siendo las distancias entre líneas y palabras bastante correctas en general.

En el caso de que la ejecución sea buena y, por tanto, la legibilidad y las distancias entre letras, palabras y líneas sean las correctas, no cabe duda de que el escrito está ordenado y, en ese caso, es muy probable que su autor también sea una persona organizada, que sabe planificarse y estructurar su vida de forma lógica y coherente.

Estamos hablando de modelos hipotéticos, porque lo normal es que, si no todos (que eso ya sería un pequeño «desastre»), sí es corriente que algunos de estos parámetros, ya sean las distancias, ya la ejecución, no sean lo que teóricamente se considera como correcto.

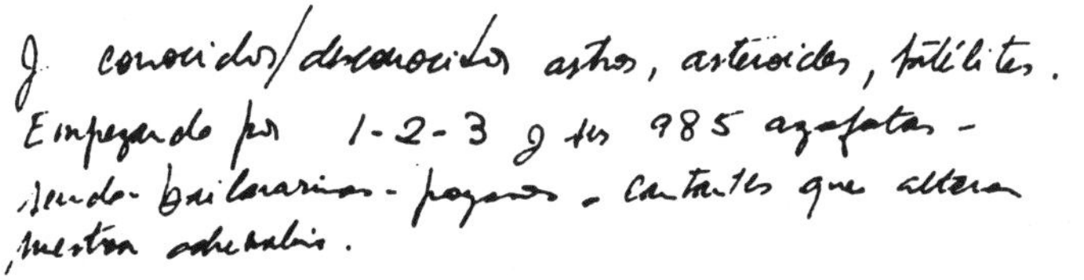

FIG. 18. *Escritura desordenada.*

Medianamente legible y de ejecución deficiente, varienado las distancias entre palabras, líneas y letras.

Lo que hay que hacer es analizar cada caso en particular para ver si, en conjunto, la escritura se puede considerar como ordenada o no.

En general, y como dijimos al principio de este capítulo, cuanto mayor sea el grado de ordenación de la escritura, mayor será también la capacidad de organización de la persona en todos los aspectos.

CAPÍTULO IV

¿Escribir «a lo grande» o «en miniatura»?

El tamaño

UNA DE LAS COSAS que más llama la atención al ver algo escrito es el tamaño de las letras: hay personas que necesitan un folio para escribir cuatro palabras mientras otras consiguen escribir la historia de su vida en una cuartilla.

Es cierto que pueden influir en el tamaño de la escritura los defectos de visión, ya que quienes ven peor tienden a hacer letra más grande. Basta hacer escribir a alguien que utilice gafas, sin ellas, y comparar con su letra normal. También influye el tamaño el papel de que se disponga, la temperatura ambiente (a más frío letra más pequeña y mayor cuanto más calor haga), la tranquilidad (grande) o las tensiones (pequeña) y, en general, todo lo que pueda influir en el estado de ánimo de la persona.

De todas formas, las oscilaciones en el tamaño de la letra de una persona suelen ser pequeñas, de manera que cada cual tiene un tamaño más o menos fijo en su escritura habitual.

Normalmente, cuando hablamos de tamaño de las letras nos referimos a la parte media (o «cuerpo central») de las mismas, pero también es importante observar la longitud de los trazos que sobresalen de las letras, hacia arriba las llamadas «crestas» y hacia abajo los «pies». El tamaño de las mayúsculas y su relación con el resto de las letras es el último aspecto a tener en cuenta en este capítulo.

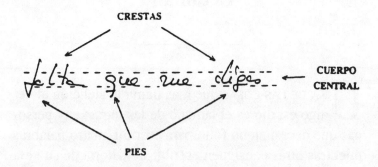

FIG. 19.   *Cuerpo central, crestas y pies de la escritura.*

El tamaño de la escritura está relacionado con el autoconcepto, así como con la energía, confianza en sí mismo y capacidad de relación. Pero veamos una a una los tipos de letras que se pueden considerar según el tamaño.

Letras grandes o pequeñas

Se considera una escritura de tamaño normal si la parte central de las letras mide alrededor de 3 milímetros. A partir de los 4 milímetros ya es grande, y pequeña si es menor que 2 milímetros.

La persona que hace una letra grande es expansiva por naturaleza, suele tener energía, vitalidad, capacidad para trabajar, sobre todo en cuestiones que exijan tener una visión de conjunto y preferiblemente en puestos directivos y/o de responsabilidad.

Escribir grande indica que se está contento consigo mismo, que se tiene confianza en las propias posibilidades, que se es optimista en suma.

FIG. 20. *Escritura grande.*

Letras considerablemente grandes, alcanzando algunas de ellas (como la «c»), los 10 milímetros.

¿Eso quiere decir que la persona que hace letra más bien pequeña es pesimista, tiene poca vitalidad, trabaja sin ánimo, es introvertida, etc.? Ni mucho menos. Pero lo mejor es que expliquemos las características que se asocian con este tipo de escritura.

En general, la letra pequeña está más acorde con la minuciosidad: se piensa antes en los detalles que en el todo. Las conclusiones generales se sacan a partir de los datos puntuales previamente analizados.

Hay una mayor tendencia al recogimiento personal, a la introversión. Se piensa y se siente más hacia dentro que hacia fuera.

En los trabajos se escogen tareas que exijan concentración, detallismo, y hay predisposición hacia puestos que exijan menos empuje, aunque quizá mayor profundidad.

Hablamos en hipótesis, porque para cada característica personal influyen siempre un conjunto de rasgos, como son la presión, la velocidad, la inclinación, etcétera, de manera que es muy arriesgado asegurar que por tener letra grande o pequeña o algún otro rasgo aislado de la escritura se vaya a ser de una determinada manera.

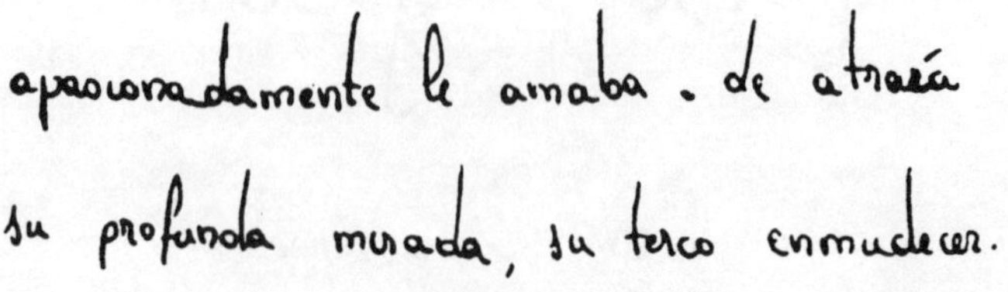

aproximadamente le amaba . de atraía

su profunda mirada, su terco enmudecer.

FIG. 21. *Escritura pequeña.*

Inusualmente pequeñas, estas letras no rebasan el milímetro.

Por ejemplo, una persona que hace letra pequeña, teóricamente sería introvertida, pero puede haber en su letra otros rasgos (rapidez de los trazos, inclinación de las letras a la derecha, legibilidad, margen derecho pequeño, etc.) que hagan inclinar la balanza hacia la extraversión.

El análisis de cada rasgo aislado nos informa sobre las tendencias, pero no nos ofrece seguridades. Para poder asegurar o, al menos, aproximar con mayor certeza, hay que considerar la escritura en su conjunto.

Letras de igual o de distinto tamaño

La escritura que mantiene una regularidad en el tamaño de sus letras se asocia con la constancia de la persona en todas sus facetas. Es un rasgo de lógica, de capacidad de concentración y de control de las emociones, así como de resistencia.

Por el contrario, si existen dentro de la misma escritura letras de muy diferentes tamaños, cosa relativamente frecuente, se tratará de una persona más emotiva (tanto más cuanto más rápidos sean los trazos), que se deja guiar sobre todo por su intuición, que es más «corazón» que «cerebro». Los cambios estarán a la orden del día, aunque es posible que se adapte bien a ellos. En general, son más desorganizados, pero también más espontáneos.

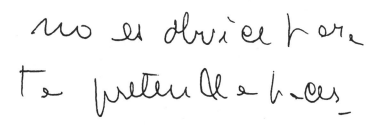

FIG. 22.   *Cambios irregulares de tamaño.*

Mientras algunas letras apenas llegan a los 2 milímetros, otras alcanzan los 6, presentándose estas diferencias de tamaño de forma aleatoria.

Todo esto se refiere a cambios de tamaño más o menos aleatorios, sin una regularidad. Pero puede haber otras posibilidades.

Por ejemplo, que las letras sean cada vez mayores, normalmente en cada palabra, lo que es propio de buenas personas, aunque un poco limitadas en su capacidad de captación. Ahora bien, «recargan sus pilas» con facilidad.

Más frecuente es que las letras sean cada vez menores, bien en cada palabra, en cada línea o incluso a lo largo del escrito. Es un rasgo de personas observadoras, que se meten en la piel de los otros, que comprenden sus problemas. Claro que también les cuesta más sobreponerse a los contratiempos: se pueden venir un poquito abajo, como le pasa al tamaño de sus letras.

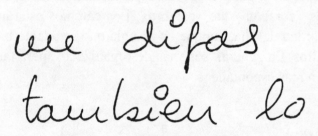

FIG. 23.   *Tamaño creciente.*

Las últimas letras de cada palabra son mayores que las primeras.

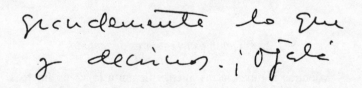

FIG. 24.   *Tamaño decreciente.*

Al contrario que en el ejemplo anterior, el tamaño de las letras dentro de las palabras va en ligera pero progresiva disminución.

Un caso especial es el de los aumentos bruscos de tamaño de algunas letras, normalmente las que tienen óvalos en su estructura, sobre todo las «aes» y las «oes». Quienes tienen este rasgo en su escritura suelen ser «geniales», pero más que por sus aptitudes, que pueden tenerlas, por el «genio» que sacan a relucir de vez en cuando.

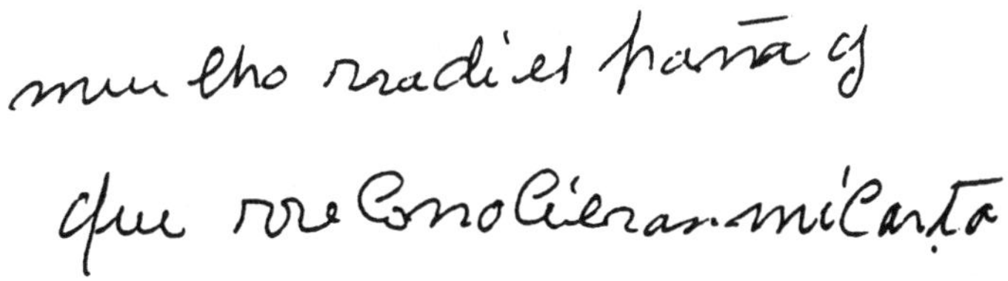

FIG. 25.   *Aumentos bruscos de tamaño.*

La «c» es la letra que más aumenta de forma brusca, pero también ocurre algo parecido en la «p» y la «q».

Letras sobrealzadas o rebajadas

Se considera también la relación altura-anchura de las letras, lo cual es más fácil de ver en los óvalos, sobre todo en las «oes».

Las letras más altas que anchas, como si estuvieran «estiradas» hacia arriba, a modo de ciprés, son propias de personas orgullosas o que, al menos, tienen un concepto bastante elevado de sí mismas. Se llaman escrituras sobrealzadas y, aparte de lo dicho, suponen un deseo de elevación de la persona sobre la realidad cotidiana. Es una manera de «escaparse» de lo vulgar, de la rutina.

Todo lo contrario ocurre a quienes escriben con letras «chaparritas», es decir, que se aplastan literalmente sobre los renglones. Suelen ser personas humildes, incluso con un autoconcepto por debajo de su propia valía. Y también prácticos, realistas, como presupone el hecho de que su escritura se ciña al «terreno» que los renglones simbolizan.

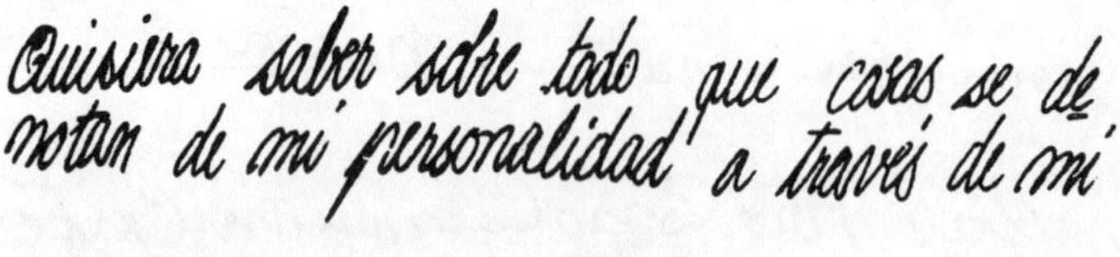

FIG. 26.   *Escritura sobrealzada.*

Letras mucho más altas que anchas a la vez que sensiblemente juntas dentro de cada palabra.

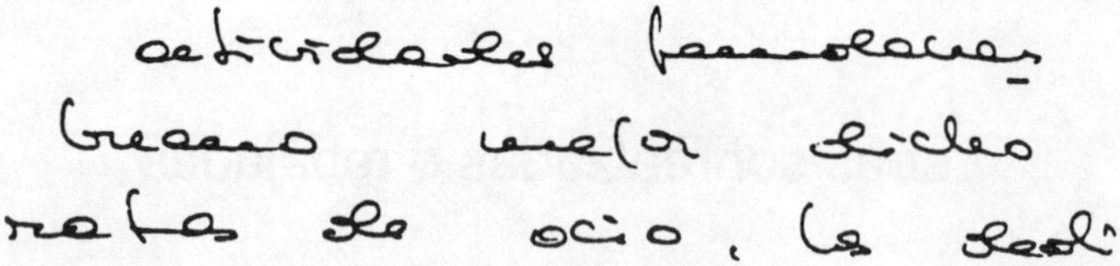

FIG. 27.   *Escritura rebajada.*

Parece como si un peso hipotético estuviera sobre estas líneas, «aplastando» así las letras.

«Crestas» altas o bajas

Ya sabemos que las «crestas» son las zonas altas de algunas letras como la «b», «d», «f», etc. Lo normal es que su longitud sea aproximadamente el doble de la altura de las letras minúsculas.

Las personas que hacen «crestas» más altas que lo normal en su letra tienen una clara tendencia a dar mucha importancia al mundo de las ideas.

Si además son «infladas», es decir, su anchura también es superior a lo normal, se trata de personas muy imaginativas. Habrá que ver el nivel y el orden generales de la escritura para ver la categoría que su creatividad tiene.

FIG. 28. *Crestas altas.*

Enormemente elevadas se presentan las crestas en esta escritura, siendo las dos primeras «l» amplias, sin llegar a ser infladas.

En cambio, las «crestas» de las letras «bajitas» nos hablan de temores ante lo abstracto: se prefieren las cosas reales, palpables, tangibles.

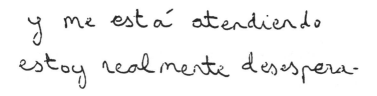

FIG. 29. *Crestas bajas.*

Todo lo contrario sucede en este ejemplo, en el que apenas destacan las crestas sobre el resto de la escritura.

«Pies» largos o cortos

También hemos comentado que los «pies» de las letras son las zonas inferiores de las que caligráficamente son así, como la «f» (única letra que tiene cresta y pie), la «g», la «j», etc.

Y, al igual que en el caso de las crestas, lo normal es que sean dos veces la altura de las minúsculas de la letra de que se trate.

Los pies de las letras simbolizan la forma en que la persona se enfrenta al escribir con el mundo de la materia más prosaica (por ejemplo, el dinero, las posesiones materiales, etc.), así como con todo lo sensual, instintivo, etc.

La anchura de los mismos nos da idea de si la persona se recrea en estos asuntos o bien se muestra más bien comedida en los mismos.

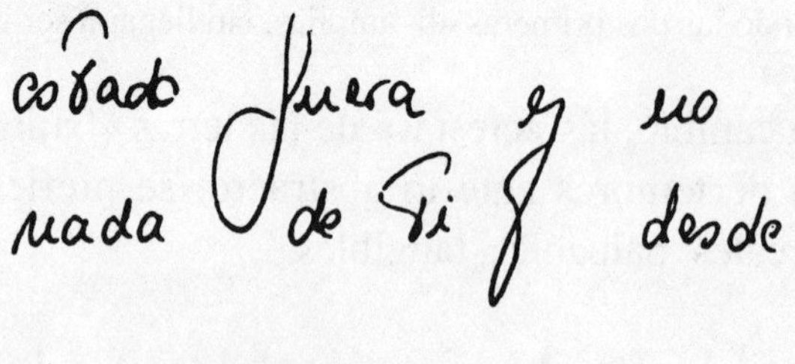

FIG. 30.   *Escritura de pies largos y anchos.*

Extraordinariamente largos y muy anchos se presentan los pies de «f» e «y», más ancho el de la primera y de mayor longitud el de la segunda.

Y la longitud, por supuesto, es un índice de la decisión con la que se entra en ellos. También la presión con que estén trazados estos pies tiene que ver directamente con la importancia y el interés que se tiene en este mundo de los instintos primarios y lo puramente material.

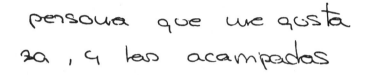

FIG. 31. *Escritura de pies cortos y estrechos.*

Aquí los pies están reducidos a la mínima expresión, de escasísima longitud y reducidos a un palote.

Mayúsculas grandes o pequeñas

Dicen que la caridad bien entendida empieza por uno mismo. Resulta entonces lógico pensar que al escribir una palabra que empieza por mayúscula, justamente ese comienzo, la mayúscula inicial, es una representación simbólica del que escribe, de su propio «yo».

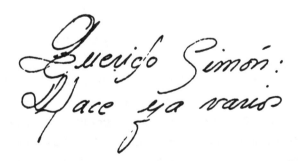

FIG. 32. *Mayúsculas grandes.*

Aparte de grandes, estas mayúsculas están adornadas, lo que refuerza considerablemente las interpretaciones de índole narcisista que ya el excesivo tamaño supone.

Por lo tanto, cuanto mayor sea el tamaño de las mayúsculas, más «encantado de conocerse» estará el escribiente. O sea, mejor concepto tendrá de sí mismo y más importancia se concederá, tanto a él mismo (o a ella misma), como a lo que con él o con ella tienen relación.

Las mayúsculas pequeñas pueden ser sintomáticas de poca autoestima, de personas que no se consideran importantes ante los demás, representados estos por las letras minúsculas. También podría ser un rasgo de sencillez, de campechanería. Hay que estudiar otros rasgos de la escritura, sobre todo el nivel de la misma, para saber si se trata de una u otra hipótesis.

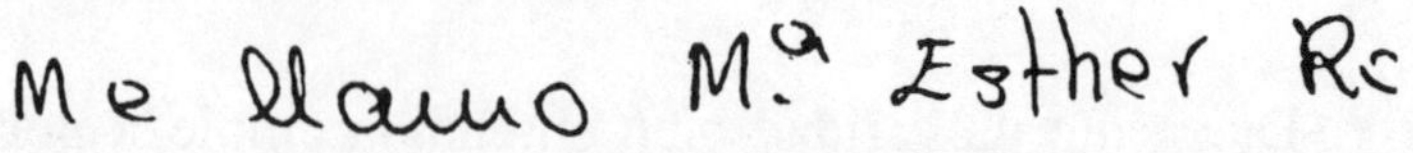

FIG. 33. *Mayúsculas pequeñas.*

Incluso por debajo del tamaño de algunas crestas se presentan estas mayúsculas, verdaderamente pequeñas y de una gran sencillez.

Escribir en mayúsculas

Y entonces, ¿los que suelen escribir casi siempre todo en mayúsculas?, ¿se lo tendrán muy «creído», no? Hombre, pues tampoco necesariamente, pero sí es cierto que su autoconcepto es importante. Que son además personas muy especiales a quienes no gusta airear sus problemas, ni poner de manifiesto sus flaquezas, si es que las tuvieran.

Para los que escriben en mayúsculas «no hay problemas», «todo está perfecto», «todo es muy bueno y muy abundante»... La verdad es que la imagen que dan suele ser pero que muy buena, sobre todo si encima las mayúsculas están hechas con gracia y con estilo. Sin embargo, en el fondo, lo único que intentan es protegerse a sí mismos. Las mayúsculas serían como una especie de «tinta de calamar», todo lo multicolor y brillante que se quiera, cuya función es la de ocultar los «puntos débiles» y no solo eso, sino la personalidad en suma.

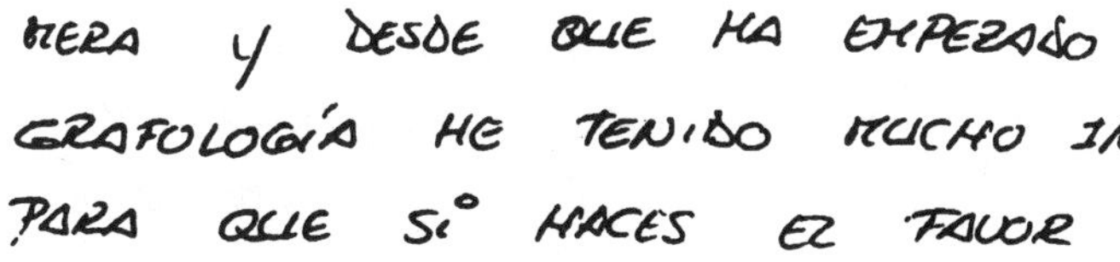

MERA Y DESDE QUE HA EMPEZADO
GRAFOLOGIA HE TENIDO MUCHO IN
PARA QUE SÍ HACES EL FAVOR

FIG. 34. *Escritura habitual en mayúsculas.*

¿Por qué? Puede haber muchos motivos: inseguridad, timidez, narcisismo, etc. El caso es que quien usa la mayúscula como letra habitual está utilizando una especie de «coraza gráfica» en su propia defensa.

Otro aspecto relacionado con la escritura en mayúsculas es la tendencia a la generalización: todo se plantea «en bloque», en general, de la forma más universal posible.

Y además existe una marcada propensión a ocupar puestos directivos, pues no son personas dispuestas a obedecer fácilmente, como se puede deducir del concepto que de sí mismas tienen, bastante «inflado», como hemos dicho antes.

Les gusta, por tanto, dirigir (y pueden hacerlo bien, ¿por qué no?), organizar, planificar, siempre con una visión global de las situaciones. Son ambiciosos/as, no se conforman fácilmente, siempre aspiran a más.

Así son, en general, quienes usan las mayúsculas prácticamente cada vez que escriben. Pero ¿y los que las usan de vez en cuando, por ejemplo, al dejar una nota o rellenar una instancia?

Aquí la cosa cambia, ya que suele tratarse de personas que consideran que su letra no es demasiado legible y hacen mayúsculas cuando quieren que los destinatarios se enteren lo más claramente posible de lo que han escrito.

derecha. ¿Qué quiere decir, el que Letras mayusculas y otras minusculas Palabra? ¿Y la "Cu" que quiere decir?

FIG. 35,　*Mayúsculas entre minúsculas.*

La «R» es la letra que más aparece, pero también adoptan tipología de mayúsculas la «E» y la «P».

Por último, un caso especial y muy curioso es el de aquellos que de forma solapada, «como quien no quiere la cosa», y muchas veces sin darse cuenta conscientemente de ello, escriben alguna mayúscula suelta entre las minúsculas de una palabra. Lo suelen hacer con cierta frecuencia y suele ser una determinada letra la que más se repite.

En estos casos hay unos deseos más o menos ocultos de ser reconocidos socialmente, de que la gente les diga lo maravillosos que son y, más aún, sin que a ellos les parezca que se lo están diciendo. Es como buscar «adhesiones incondicionales» de manera implícita.

También en este tipo de rasgo se ocultan a veces ambiciones secretas, tanto que en ocasiones ni a sí mismos las confiesan por no ser conscientes de tenerlas.

CAPÍTULO V

La «imagen de las letras»

La forma de la escritura

TODO EL MUNDO se esfuerza cada vez más en dar una buena imagen. ¡Es fundamental!, se dice. Y es verdad, si no que se lo digan a los políticos, financieros, ejecutivos, gente de la «jet», artistas, etc. Muchos de ellos tienen «asesores de imagen», profesión que desde luego no existiría si la apariencia y el aspecto exterior no fueran tan importantes. Sin embargo, lo que cada vez se cuida menos es la imagen de la escritura. Antes la gente se esforzaba por hacer «letra bonita». Los niños en el colegio hacían «planas» de caligrafía que consistían en copiar frases en distintos tipos de letra: «inglesa», «redondilla», etc.

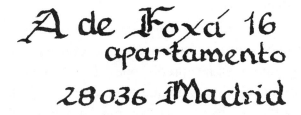

FIG. 36.   *Escritura «demasiado» bien hecha.*

No es habitual encontrarse con letras de este estilo en los tiempos que corren, pero aún hay quien se preocupa por la forma de sus letras, en este caso quizá excesivamente.

Ahora todo ese afán por tener una letra no solo legible, sino clara y a ser posible «bonita», se ha perdido. Ahora cada cual escribe como le parece, sin demasiadas preocupaciones caligráficas ni estéticas. Por un lado, es una pena, pero, por otro, no deja de resultar positivo para los grafólogos, porque las escrituras son más espontáneas, y eso es fundamental para que la persona proyecte todavía más rasgos de su personalidad en el papel.

El nivel de la escritura

Nada más ver una escritura, lo primero que se piensa es si nos gusta o no. Si nos parece agradable a la vista, si los rasgos son armónicos; en definitiva, si el conjunto de trazos que forma el texto escrito resulta o no seductor a nuestros ojos.

Esto la mayoría de las veces ni se piensa, a menos que sea un grafólogo quien esté mirando la escritura, pero sí «se siente» o, al menos, «se percibe» por parte del lector del escrito.

Entra en juego la «imagen de la escritura», entendida como la primera sensación que esta nos da. Y, quieras que no, ya nos predispone a favor o en contra del autor del escrito. Algo que se escribe con una letra bonita y fácil de leer, se lee con mucho más agrado e interés que si la letra es fea y difícilmente legible.

Si se trata de hacer un análisis grafológico, se piensa —ahora sí— en el «nivel de la forma» de la escritura. Que en el fondo es lo mismo, pero desde un punto de vista más técnico, aunque en el fondo se trate de un parámetro bastante subjetivo.

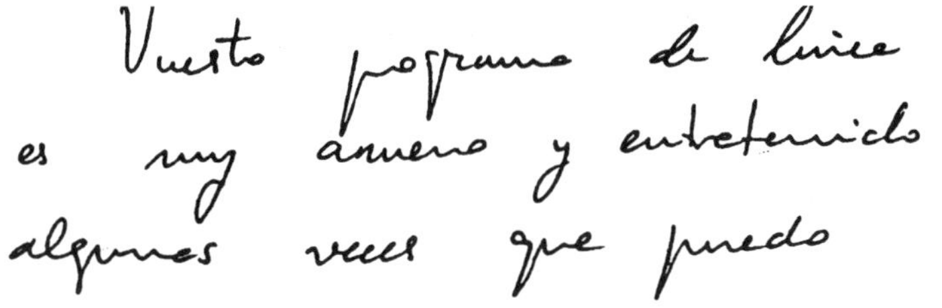

FIG. 37. *Escritura de nivel medio.*

Hay que observar si las formas de las letras tienen estilo, clase, personalidad, si son sobrias, si tienen auténtico peso específico y eso es más cuestión de «ojo clínico» que de leyes o normas fijas.

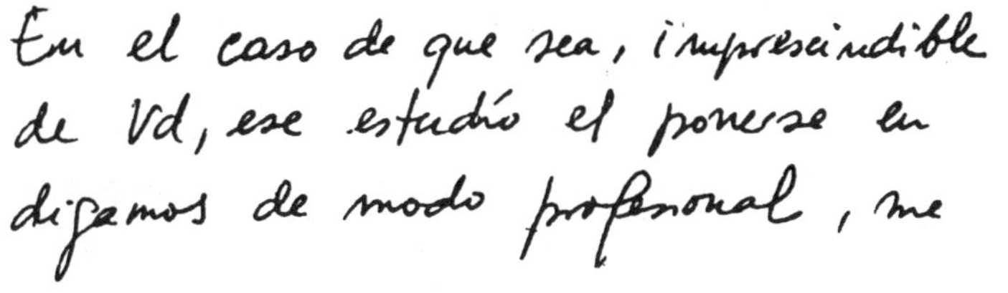

FIG. 38. *Escritura de nivel alto.*

Letra simplificada, de rasgos personales dentro de la sencillez, trazados además con soltura y armonía. No cabe duda de que estamos ante una persona con un magnífico nivel.

Para poder catalogar el nivel de una escritura desde el punto de vista grafológico lo mejor es ver muchas letras de personas de diferentes niveles, pues no se pueden dar normas fijas que sirvan para evaluar objetivamente este parámetro.

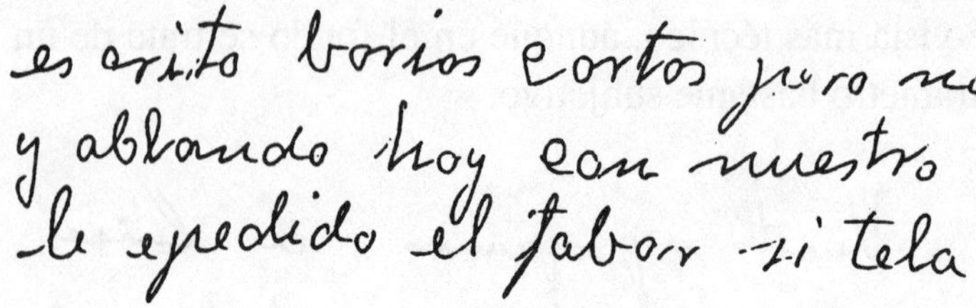

FIG. 39.   *Nivel de la forma bajo.*

Se puede apreciar el esfuerzo que esta persona hace para escribir; indudablemente las faltas de ortografía nos hablan de un nivel cultural bajo, pero ello no es óbice para que detrás de esta escritura pueda esconderse una gran persona.

El nivel de la letra tiene una estrecha relación con el de la persona, tanto en lo puramente personal como en aspectos intelectuales, de modo que una persona que muestre un nivel elevado en su escritura, lo tendrá también en los demás aspectos de su vida. Algo parecido sucede con los niveles medios o bajos, aunque en estos casos es recomendable tener prudencia a la hora de interpretar, pues un nivel gráfico bajo puede deberse a motivos de muy diferente índole, como escasa formación cultural, dificultades motrices o de orientación espacial, etc.

¿Ángulo o curva?

Los conceptos de «ángulo» y «curva» son algo diferentes de los habituales cuando se trata de grafología, pues no hay que fijarse tanto en que los trazos sean angulosos o curvos de manera absoluta, sino que hay que verlo desde un punto de vista mucho más relativo.

Así, decimos que una escritura es angulosa cuando sus trazos se hacen angulosos allí donde deberían ser curvos. Por ejemplo, si la «r» presenta caligráficamente un doble ángulo en la zona superior, el hecho de tenerlo no quiere decir que sea angulosa, sino normal. En cambio, sería curva si esos dos ángulos se convirtieran —por ejemplo— en sendos bucles.

Pero el ejemplo más claro son quizá las uniones entre letras, de por sí curvas, que en letras muy angulosas pueden dejar de serlo, quedando una especie de «picos» en la zona inferior.

Y, viceversa, una letra es curva cuando incluso zonas caligráficamente angulosas se vuelven curvas. Valdría como ejemplo el anterior de la «r» o bien el de la «s» si también se cambiase el ángulo por una curva.

Pero, una vez entendido todo esto, podemos plantearnos: ¿Qué es más «bonito» en una escritura, el ángulo o la curva? O mejor dicho: ¿Que sea angulosa o curva? ¿Cuál de estas dos opciones resulta más positiva?

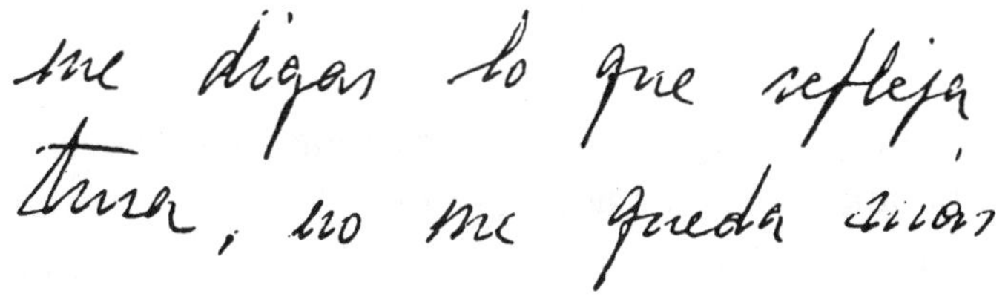

FIG. 40. *Escritura angulosa.*

Es evidente la angulosidad de estas letras, en las que incluso los óvalos aparecen como puntiagudos.

No hay una respuesta categórica, pero sí podemos explicar lo que el predominio de cada uno simboliza. Por ejemplo, el ángulo está en directa relación con la dureza, la fuerza, la resistencia, el autodominio, e incluso la rigidez y la intransigencia.

Mientras tanto, la curva nos habla siempre de gracia, de flexibilidad, de dulzura, de intuición y puede que de pereza. Es el sentimiento frente a la razón, las emociones frente a lo cerebral. Son polos opuestos, pero complementarios, por lo que lo normal es encontrarlos juntos en cada escritura, de forma que hay que discernir el grado de predominio de cada uno, que no siempre es fácil.

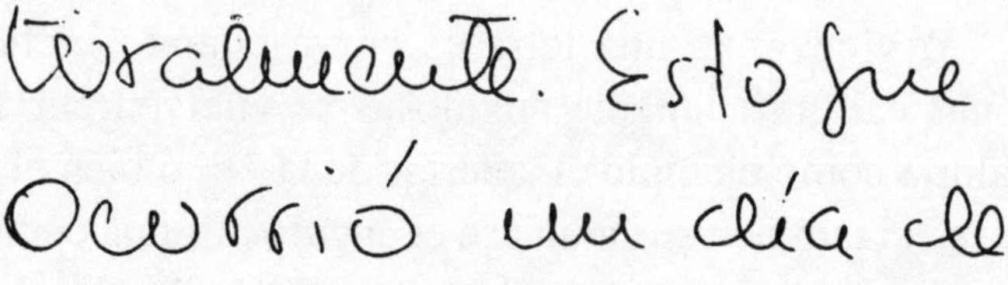

FIG. 41.   *Escritura curva.*

Casi todo es curvo en esta letra, incluidas las «r» y las «s».

¿Arcos o «guirnaldas»?

Estas dos denominaciones resultan algo chocantes en principio para los no iniciados en el lenguaje grafológico, sobre todo la segunda de ellas. Pasamos, pues, a explicarlas.

Nos referimos fundamentalmente a las letras «m», «n» y «h», que si se cierran por arriba decimos que forman «arcos», y «guirnaldas», si lo hacen por abajo.

El arco es un movimiento de protección, como una especie de «tejado» simbólico, por lo que se toma como rasgo de introversión y reserva. Si estos arcos son muy exagerados pueden interpretarse como un gesto de saludo un tanto «rimbombante» y, desde luego, artificioso, que implica tendencia a la adulación. En el fondo, todo esto no son más que mecanismos de defensa psicológica ante los demás.

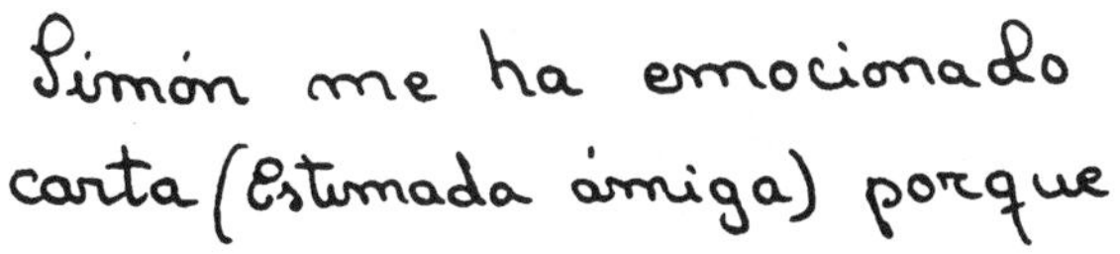

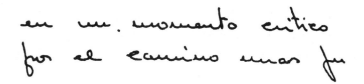

FIG. 42. *Escritura en arcos.*

Podemos apreciar claramente como las «emes», «enes» y «haches» se cierran por arriba formando un arco.

La guirnalda es signo inequívoco de extraversión, es un movimiento más espontáneo y natural que implica facilidad para los contactos sociales y, por tanto, facilidad para las relaciones públicas.

FIG. 43. *Escritura en guirnaldas.*

Sin embargo, en este caso el cierre de estas letras se produce por la zona inferior, dando lugar a la guirnalda.

¿Sencillas o complicadas?

Los rasgos de una escritura pueden ser más o menos complicados, o bien ser fundamentalmente sencillos. En este último caso las letras aparecerán con sus rasgos «mínimos» para que se las pueda identificar y diremos que la escritura es «sencilla».

Esto es propio de personas con objetivos muy concretos, que gustan de sintetizar e ir directamente «al grano» sin perderse en barroquismos ni «florituras». Les gusta la sencillez y la claridad en todos los sentidos.

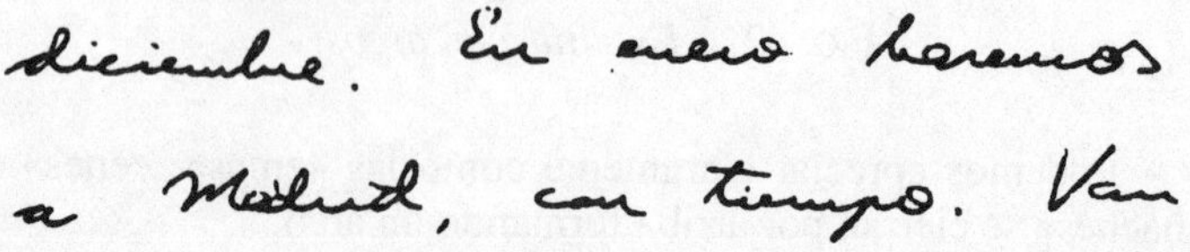

FIG. 44.   *Escritura sencilla.*

Trazos reducidos a la mínima expresión, tanto en minúsculas como en mayúsculas, por lo que la sencillez es una de las características básicas de esta letra.

Pero también hay quienes dan a su escritura un cierto toque de complejidad, introduciendo rasgos en las letras que no son básicamente necesarios, pudiendo incluso dificultarse la propia legibilidad.

Estaríamos entonces ante una escritura de las llamadas «complicadas», propia de quienes gustan de adornar y/o disfrazar sus comportamientos y actividades de forma más o menos ostensible.

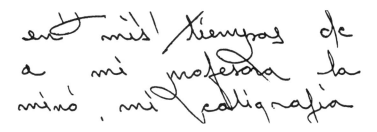

FIG. 45. *Escritura complicada.*

Adornos de todo tipo complican extraordinariamente esta muestra, influyendo de forma negativa sobre la legibilidad.

Suele estar relacionada con una cierta confusión, resultado muchas veces de una imaginación excesiva; hay también tendencias hacia todo lo que pueda resultar anárquico o imprevisto. En cualquier caso, la interpretación de la escritura complicada varía mucho en función del grado y del tipo de complicación de la misma.

¿Naturales o sofisticadas?

Decíamos antes que las guirnaldas son un gesto gráfico natural y espontáneo, pero podríamos decir que «no solo de guirnaldas viven las letras naturales», sino que también se valoran otras cosas a la hora de determinar el grado de naturalidad de una escritura. Por ejemplo, la soltura con que los trazos han sido trazados, siempre y cuando no se caiga en la ampulosidad ni la exageración.

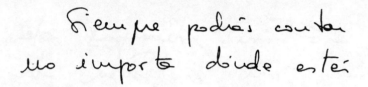

FIG. 46. *Escritura natural.*

Trazos espontáneos, ágiles y sencillos, hechos sin ningún tipo de premeditación, hacen que califiquemos a esta escritura de «natural».

Trazos, pues, espontáneos, sencillos, trazados con agilidad, son propios de escrituras naturales, que expresan, como es lógico, la naturalidad, espontaneidad y sencillez de las personas.

Todo lo contrario que si la escritura está hecha a base de rasgos más o menos extraños, complicados, artificiosos, que expresarían un carácter mucho más sofisticado y, desde luego, mucho menos claro.

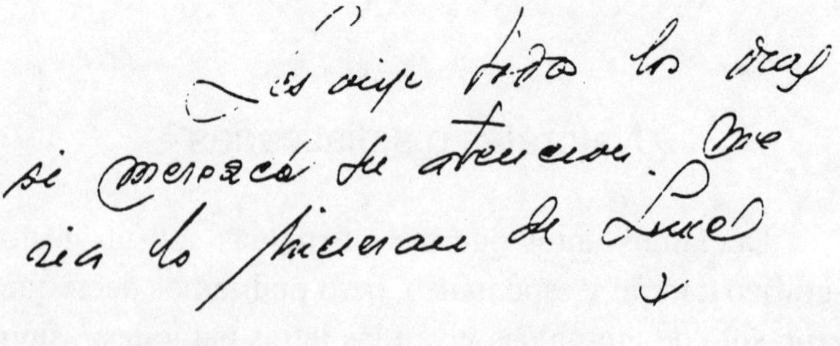

FIG. 47. *Escritura sofisticada.*

La artificiosidad no exenta de cierta ampulosidad está presente en estas letras, que merecen por ello el calificativo de «sofisticadas», como lo será sin duda el carácter de quien las escribió.

¿Caligráficas, tipográficas o personales?

Estos son tres tipos básicos en que las escrituras se pueden clasificar según su forma. Las que se parecen a un modelo de caligrafía (normalmente al que se utilizó para aprender a escribir) se llaman precisamente así, «caligráficas», y denotan un carácter tradicional, apego a todo lo clásico a las cosas «de siempre» y, por tanto, ciertas resistencias ante lo demasiado «moderno» o simplemente novedoso.

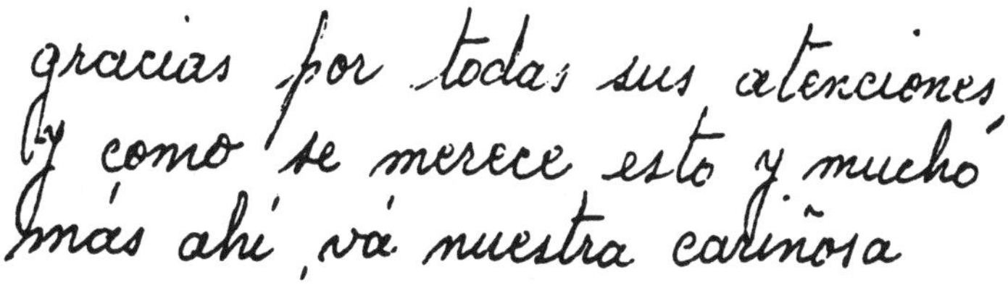

FIG. 48. *Escritura caligráfica.*

Estas letras parecen extraídas de uno de los modelos de caligrafía inglesa, a cuyos cánones responden en casi todos sus trazos.

Por otro lado, se llaman «tipográficas» a las escrituras cuyas letras se parecen a las de imprenta. Son cada vez más frecuentes, quizá por la avalancha de letra impresa que nos invade no solo en periódicos, libros y revistas, sino en cartas (lamentablemente, hoy casi todas a máquina), carteles, propaganda, «spots» televisivos, etc.

Cuando la letra se hace tipográfica no cabe duda de que la persona está acostumbrada a la letra de imprenta, bien por su afición a leer, bien por dedicación al estudio, aunque también ese aluvión de letras impresas que nos llega cada día tiene su influencia. Ahora bien, si existe una identificación con este tipo de letra, la cual se incorpora a la escritura manual y cotidiana, entonces es que la persona prefiere lo racional a lo emotivo, dando prioridad a la razón frente a los sentimientos. Existe también un predominio de la lógica así como deseos de autocontrol. Es una letra que podríamos llamar, por una parte, «intelectual», y, por otra, «cerebral».

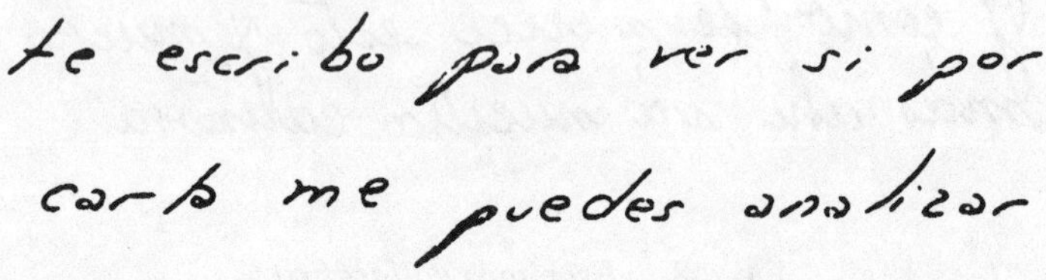

FIG. 49. *Escritura tipográfica.*

Letras hechas una a una y con los típicos trazos de las letras impresas, de ahí su denominación de «tipográficas».

Por último, la denominada «escritura personal» es aquella en la que a los rasgos que se aprendieron en el colegio se le han ido añadiendo otros con un determinado «toque personal» que hace a la escritura única, original y característica de quién escribe.

La escritura personal es propia de personas evolucionadas, con un importante grado de madurez, lo que favorece que tengan criterios propios y se muestren como independientes en los ambientes en que se desenvuelven. Este tipo de escritura está de acuerdo con un nivel intelectual y personal elevados.

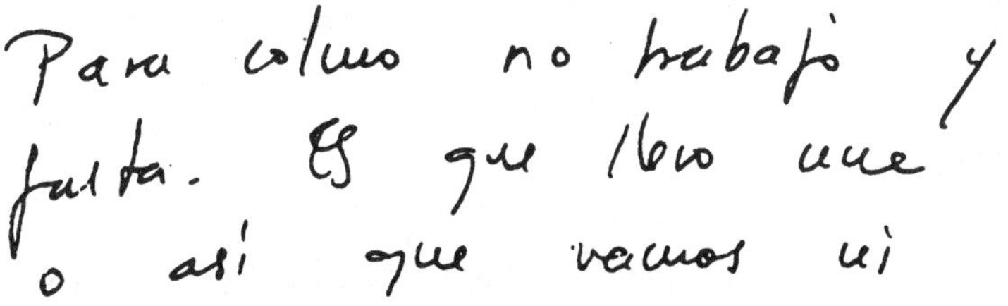

FIG. 50. *Escritura personal.*

Desenvoltura en la realización de estas letras, en las que predominan los rasgos personales.

Escrituras armónicas

Son aquellas cuyos trazos han sido realizados de tal manera que, en su conjunto, resultan agradables a la vista. No se trata de que las letras estén bien ejecutadas, ni de que sigan ningún modelo de caligrafía, ni siquiera es necesario que exista un orden determinado en el escrito, sino simplemente que la contemplación general del mismo resulte estética.

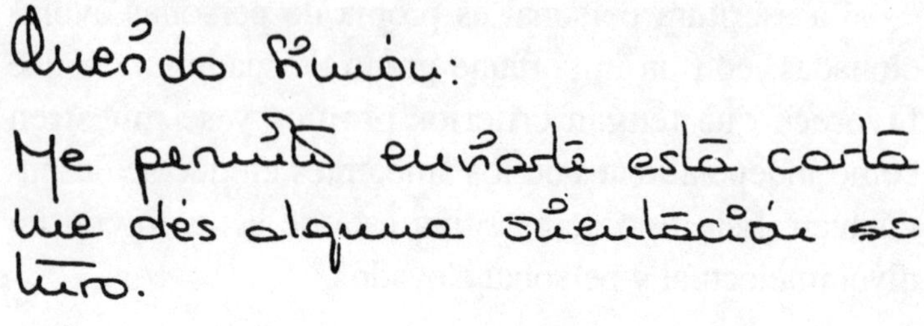

Querido Ramón:
Me permito enviarte esta carta
que dés alguna orientación so
turo.

FIG. 51. *Escritura armónica.*

Es evidente el estilo fluido de esta escritura, la cual resulta muy plástica a los ojos del lector.

Las personas que consiguen esta característica en sus escritos tienen una forma de ser y comportarse que no suele presentar aspectos conflictivos, al sentirse bien integradas en los ambientes en que su vida se desenvuelve. También se relaciona la armonía con posibles facetas artísticas, con preferencia hacia las de carácter plástico.

Escritura filiforme

Es aquella en que las letras se van estirando en forma de hilo, de ahí su denominación. Es como si hubiera una fuerza en sentido horizontal que produjera este efecto sobre la escritura. A veces, sobre todo si son muy rápidas, se hacen ilegibles, incluso para el que las ha escrito.

La típica letra llamada «de médico» muchas veces —aunque no siempre— es filiforme. Ni tampoco siempre este tipo de letra ha de ser ilegible, sino que lo que ocurre es simplemente que las letras se alargan en sentido horizontal.

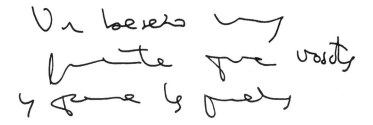

FIG. 52. *Escritura filiforme.*

Trazos hechos con gran precipitación que alarga los trazos en la horizontal y dificulta notablemente la legibilidad.

Es normal que ocurra esto cuando se escriben apuntes «a vuelapluma», pero si la persona escribe así habitualmente no cabe duda de que tenderá a pasar por la vida sin querer entrar en demasiadas profundidades. Se podría decir que su personalidad se desliza por la vida de la misma forma que su letra «resbala» sobre los renglones.

Son personas proclives a la precipitación, les cuesta centrarse en los temas y pasan de uno a otro con excesiva rapidez. Se diría que necesitan los cambios para sentirse bien, pero que les cuesta profundizar, sobre todo en el terreno sentimental. Sin embargo, suelen tener unos reflejos mentales admirables, así como una intuición fuera de lo común.

Los dibujos como adorno

Hay a quien le gusta ilustrar sus cartas con dibujos, los cuales a veces tienen relación con el texto, ilustrando de alguna forma el mismo, pero no necesariamente, pudiendo ser simples y meros adornos.

Es muy difícil dar una interpretación general, porque estos dibujos pueden ser de muy diversos tipos; por tanto, se hace necesario estudiar cada caso en concreto para deducir el significado que pudieran tener, que —eso sí— siempre lo hay.

Puede ser desde un simple juego de enamorados adolescentes o con mentalidad muy juvenil, hasta una muestra de puro narcisismo en personas que tienen facilidad para el dibujo. Hay algunos artistas o personajes conocidos que prácticamente «no saben firmar» si no añaden un dibujo a su firma.

El análisis de estos dibujos es tan curioso como interesante, e incluso puede resultar apasionante para los grafólogos, sobre todo si tenemos en cuenta que la escritura empezó como meros dibujos, que luego se fueron simplificando y tomando un significado simbólico.

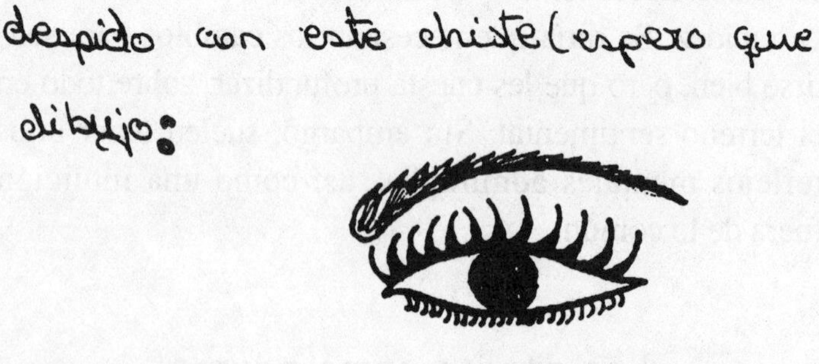

despido con este chiste (espero que dibujo:

Fig. 53 . *Dibujo adornando una escritura.*

«Ojo» con este dibujo que nos pone de manifiesto las preocupaciones de su autora por observar con detalle todo lo que pase a su alrededor.

Los «tachones»

Podríamos decir que, en Grafología, cuando algo se tacha, «algo suyo se tacha», pues no olvidemos que la escritura es fiel reflejo y símbolo de la propia personalidad. Claro que me dirán ustedes que también puede que se trate de una simple equivocación, sin mayores problemas ni complicaciones. Pero eso sería una forma demasiado superficial de considerar las cosas; es más, les aseguro que en cada tachadura o rectificación siempre hay unas razones más o menos ocultas... o evidentes, según los casos. Pasa igual que con los actos fallidos al hablar: nunca son casuales, sino que responden a emociones internas del propio sujeto que en un momento dado afloran al exterior sin que exista modo de controlarlas.

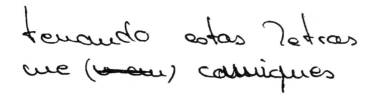

FIG. 54. *Escritura con tachones y enmiendas.*

Al tachón que aparece entre paréntesis le sucede una enmienda en la misma palabra que —además— no está correctamente escrita (pone «comiques», en lugar de «comuniques».

Claro que no es lo mismo «tachar» que «rectificar» o «corregir». Siempre es mucho más drástico y contundente lo primero, aunque en todos los casos suele haber motivaciones de carácter emocional. Normalmente se trata de problemas con el significado de la palabra tachada o corregida. ¿Qué tipo de problemas? Para determinarlos se hace indispensable analizar el contexto y conocer las circunstacias en que el escrito ha sido realizado.

Por dar una interpretación genérica, podemos decir que normalmente las rectificaciones en la escritura suelen hacerlas quienes se preocupan de la perfección, a veces obsesionándose por ella. No pueden, por tanto, «permitir» que algún trazo no quede como ellos consideran que es lo correcto, y de ahí su tendencia a rectificar.

En cambio, las tachaduras están más de acuerdo con sentimientos de culpabilidad, así como con inseguridades personales. Si son muy exageradas y frecuentes, pueden llegar a ser un rasgo patológico. Pero eso siempre que no se trate de apuntes ni de notas; en ambos casos estas interpretaciones no tienen lugar, o bien habría que suavizarlas considerablemente.

La forma de las «crestas»

Ya sabemos que las «crestas» son las partes de las letras que salen del cuerpo central hacia arriba en letras como la «b», «d», «f», «h», «k», «l» y «t». También puede haber trazos de otras letras que se «escapen» hacia arriba, sumándose a este mundo que se concentra en la zona superior de la escritura.

Si estas «crestas» son amplias, la persona concederá gran importancia a los aspectos mentales, y si —además— son redondeadas, la imaginación será fecunda y relevante. Si las crestas son excesivamente amplias y redondeadas, puede haber tendencia hacia la fantasía por deseos de huir del ambiente cotidiano.

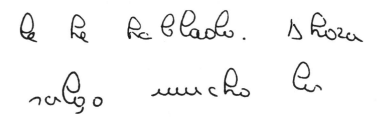

FIG. 55. *Crestas amplias y redondeadas.*

Aunque torsionadas de una forma especial, lo cierto es que estas crestas aparecen curvas y con evidente amplitud.

En el caso de que las crestas sean estrechas, todos estos procesos imaginativos pueden existir perfectamente, pero no hay duda de que el sujeto está ejerciendo de alguna forma una cierta «autocensura» sobre ellos.

Si son angulosas, es decir, con verdaderos «pinchos» hacia arriba, están expresando una relación ciertamente difícil con el medio; es decir, que al tratar con esa persona se puede uno «pinchar» en sentido metafórico. Es, por tanto, uno de los rasgos de irritabilidad.

La forma de los «pies»

Interpretaciones semejantes podemos encontrarlas en los llamados «pies» o partes de las letras «f», «g», «j», «p», «q», «y» y «z», caligráficas, que van hacia la zona inferior.

Si son amplios, también indican imaginación, pero de tipo práctico, y si son redondeados expresan la armonía de la persona con sus facetas más primarias e instintivas. Pies amplios y redondeados en una escritura son sinónimo de sensualidad y «sibaritismo».

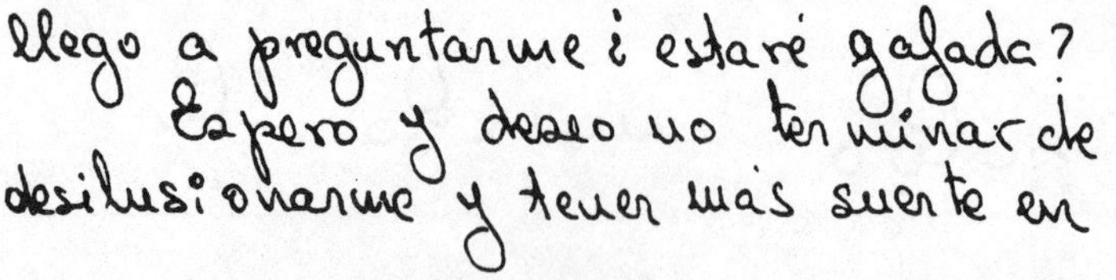

FIG. 56.   *Pies amplios.*

La sensualidad está claramente marcada en lo notable amplitud y curvatura de la zona inferior.

Por el contrario, pies estrechos o «secos» indican represión de los instintos primarios, la cual se refuerza si aparecen ángulos en su punto más bajo. En este caso hay que hablar de espíritus «espartanos», muy comedidos en el disfrute a través de los sentidos.

La forma de las mayúsculas

Nos fijaremos sobre todo en su grado de complejidad, es decir, si son sencillas o complicadas.

Lo primero, es necesario tener en cuenta que la mayúscula es uno de los más claros símbolos grafológicos del «yo». También es importante considerar que estas son las letras que mejor se prestan a los adornos.

Y, si no, baste recordar las iniciales de los capítulos de libros editados a principios de siglo, por ejemplo, o simplemente las auténticas «maravillas caligráficas» que en la misma época era costumbre hacer al escribir mayúsculas con aquellas clásicas plumillas con las que los escribientes se recreaban en la realización de verdaderos arabescos.

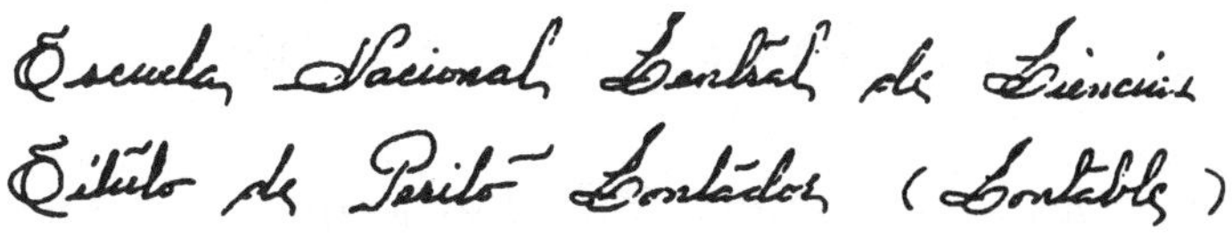

FIG. 57. *Mayúsculas muy adornadas.*

Forma peculiar de adorno la que aparece en estas mayúsculas, particularmente los «8» en la zona superior de las «C».

Aunque ahora ya es impensable hacer ese tipo de mayúsculas, también es cierto que podemos encontrar quien tienda a complicarlas y sofisticarlas bastante, en cuyo caso hay que diagnosticar, por un lado, narcisismo y, por otro, tendencia a la artificiosidad, tanto más cuanto más lo sea toda la escritura en general.

Si, por el contrario, las mayúsculas aparecen como sencillas, sin ningún tipo de adorno ni sofistificación, eso nos está diciendo claramente que quien así escribe es poco dado a las sofisticaciones, complicaciones ni vanidades, mostrándose, por tanto, como persona sencilla y discreta.

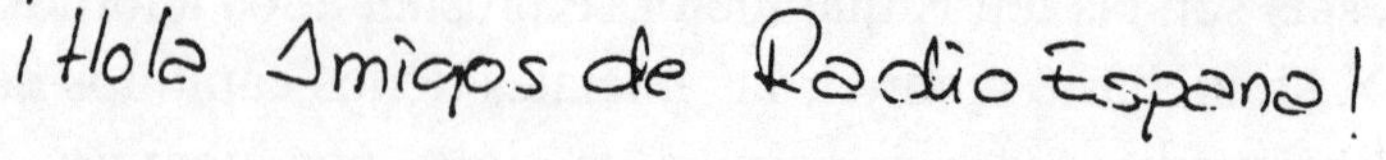

¡Hola Amigos de Radio España!

FIG. 58. *Mayúsculas sencillas.*

Al contrario que en el ejemplo anterior, solo los trazos indispensables aparecen en la estructura de estas sencillísimas mayúsculas.

Escribir de diferente forma

¡Pues a mí será muy difícil «hacerme la grafología» porque yo cada vez escribo diferente!

Esa es una expresión que los grafólogos oímos con relativa frecuencia, pero que no siempre responde a la realidad, sino que la persona cree que se trata de varios tipos de escritura cuando en el fondo lo único que ocurre es que existen pequeñas diferencias debidas a estados de ánimo distintos.

Sin embargo, hay ocasiones en que sí se trata de auténticos cambios de forma de las letras de una misma persona, lo que ocurre de forma habitual y sin referirnos a los que hacen letras diferentes cuando toman apuntes o escriben una nota deprisa, circunstancias ambas en que es normal que la letra sea distinta.

Se trata, por tanto, de tener normalmente dos o más escrituras diferentes, por ejemplo, una más curva y otra más angulosa, una con arcos y otra con guirnaldas, o una más caligráfica que otra, que puede ser más tipográfica o personal.

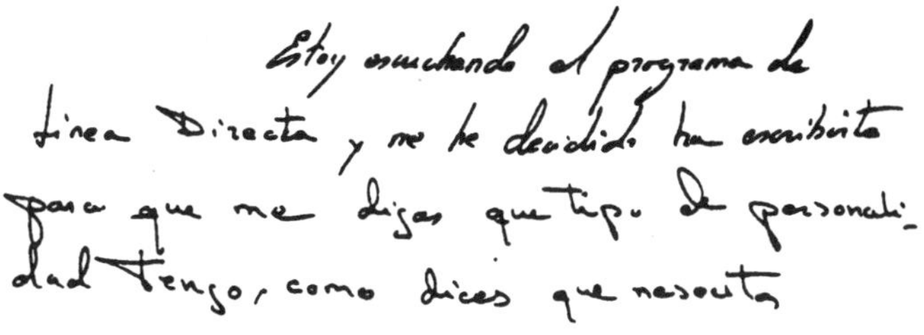
Querido Simon:
Estoy escuchando el programa de
Línea Directa y me he decidido ha escribirte
para que me digas que tipo de personali-
dad tengo, como dices que resulta

FIG. 59. *Diferentes formas de escritura en un mismo escrito.*

Es muy curioso el cambio de forma que tiene lugar en este escrito, donde a la angulosidad de las primeras palabras sucede otro tipo de escritura más curva que, además, se intercala en las dos primeras palabras de la segunda línea.

El tener estos diferentes tipos de forma de letra (normalmente dos) indica que el «propietario/a» posee, además, distintas facetas dentro de su misma personalidad, de manera que utilizará una u otra según las circunstancias, lo mismo que pasará con sus escrituras, que adaptará a cada tipo de escrito.

Por ejemplo, cartas a familiares de su ciudad natal en letra caligráfica y cartas a amigos actuales en tipográfica, o utilizar letras más angulosas y con arcos en el trabajo y más curvas y con guirnaldas en casa, etc.

Sin embargo, a pesar de tener varios tipos de escritura, bajo todos ellos subyacerá una sola personalidad, la cual, eso sí, poseerá diferentes facetas que el grafólogo podrá determinar basándose, como siempre, en las leyes universales de una técnica tan increíble y, por ello, tan apasionante como es la Grafología.

CAPÍTULO VI
¿Optimistas o pesimistas?

La dirección de las líneas

E N GRAFOLOGÍA la palabra «líneas» se refiere a los renglones de la escritura, concretamente a la línea que la parte inferior de las letras forma si la fuéramos subrayando con un lápiz.

Normalmente no es necesario hacerlo para catalogar la dirección de las líneas o renglones, sino que basta con una observación visual. Esta será mucho más elocuente si giramos el papel 90 grados y lo separamos un poco para lograr una mejor perspectiva. Con la superposición de papel vegetal transparente y milimetrado la observación mejorará aún más, pues se podrán determinar las variaciones en la dirección —si las hubiera— por pequeñas que sean. Si no se tiene a mano este tipo de papel, se puede recurrir a las reglas de plástico transparente.

Para todo ello es fundamental observar muestras escritas en papel blanco, sin líneas previamente marcadas ni cuadrículas que enmascararían este rasgo de la escritura.

Aparte de las variaciones a que nos referíamos, desde un punto de vista global, lo más interesante para los grafólogos —y ustedes ya empiezan a serlo— es determinar el ángulo que las líneas forman con la horizontal. Es este un importante factor relacionado con la resistencia vital, entendida esta como capacidad para resistir todas aquellas pruebas y dificultades que la vida puede plantearnos y, de hecho, nos plantea.

Para recordar fácilmente esta interpretación, imagínense que cada línea de escritura fuera una barra rígida y que en el extremo izquierdo estuviera el autor del escrito sujetándola, como si de una especie de palanca o balancín se tratara.

En la parte derecha del renglón se suponen situadas las dificultades, problemas y complicaciones que la vida nos depara.

Si la persona tiene suficiente energía y fuerza interior como para soportar el peso de esas dificultades, sus líneas se mantendrán más o menos horizontales. Si llegase a «flaquear», sus renglones tenderán a irse hacia abajo, como si de una manera simbólica (pero no por ello menos real) no pudieran aguantar esa carga.

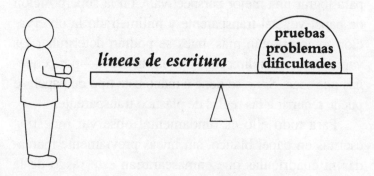

FIG. 60.   *Significado simbólico de la dirección de las líneas.*

Representación simbólica de lo se podría llamar «la balanza de las líneas», cuyo equilibrio depende de la mayor o menor resistencia ante las dificultades.

En el primer caso se trataría de un «optimista» y en el segundo de un «pesimista», aunque más que utilizar estos términos, es preferible hablar de capacidad de resistencia ante las dificultades. También el nivel de aspiraciones es otro aspecto relacionado directamente con la dirección de las líneas, de forma que cuanto más ascendentes sean las líneas, mayores serán las expectativas vitales de la persona, y viceversa.

Líneas que suben

Este ascenso es normalmente pequeño, a veces casi imperceptible, a menos que se mire la muestra con detenimiento. Ya se considera un ascenso considerable si las líneas subieran 5 grados sobre la horizontal.

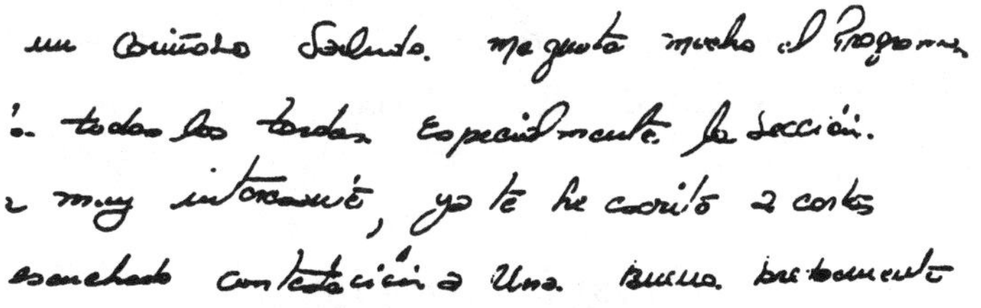

FIG. 61. *Líneas ascendentes.*

Considerable ascenso de los renglones de esta carta, próximo a los 5 grados, si bien pueden también apreciarse algunos descensos en ciertas palabras.

Si la subida de las líneas fuera superior a esos 5 grados, la interpretación también iría *in crescendo* de acuerdo con el ascenso; ahora bien, si llegase a ser «espectacular», no tendríamos por qué estar precisamente ante un optimista nato. Bien es sabido que los extremos se tocan, así que perfectamente podría tratarse de alguien que está intentando superar marcadas tendencias depresivas. Algo así como el ratón, que para no ahogarse en la taza de leche pataleó tan rápido que la convirtió en mantequilla.

O puede ser también que se trate de un artista acostumbrado a firmar autógrafos en fotografías, lo que tradicionalmente se hace en líneas muy ascendentes. En este caso no existe interpretación grafológica para este rasgo, debiéndose analizar cómo es la letra de estas personas cuando escriben cartas o notas normales, al margen de su faceta artística.

También se relaciona el ascenso, sobre todo si es excesivo, con el deseo de cambiar de ambiente, lógicamente por que no se está satisfecho con el actual, ya sea el familiar, laboral, social, etc.

Si la subida de líneas es moderada, hablaríamos de optimismo (también moderado), así como de deseos de mejorar y espíritu de superación en general.

Líneas horizontales

Se dice que una escritura presenta líneas horizontales cuando esta es la tendencia general en todo el escrito, ya que casi siempre habrá ligeros ascensos y descensos. Pero cuando es la horizontalidad la que predomina, la interpetación se corresponde con lo que podríamos llamar «sosiego ambiental», entendido como la tendencia de la persona a sentirse a gusto tanto con su entorno social como con las metas que va consiguiendo.

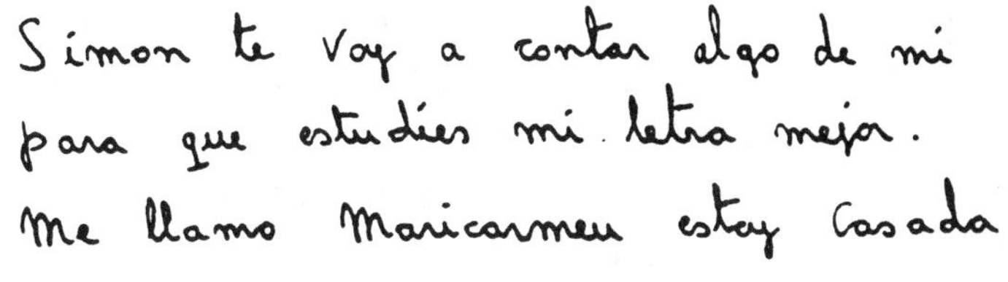

Simon te voy a contar algo de mi para que estudies mi. letra mejor. Me llamo Maricarmen estoy Casada

FIG. 62. *Líneas horizontales.*

Ligerísimos altibajos en estos renglones que mantienen, sin embargo, la horizontalidad general.

También la horizontalidad de las líneas es un rasgo de resistencia ante lo complicado y dificultoso, siempre dentro de esa serenidad. No sobra ni falta energía para soportar el peso de los problemas, manteniéndose horizontal la «palanca» de los renglones.

Líneas que bajan

Es más preocupante cuando, de forma habitual, las líneas caen hacia abajo, lo cual puede ser debido a multitud de causas. En el peor de los casos, y si el descenso fuera muy pronunciado (superior a los 5 gados), podría tratarse incluso de un «superpesimista» que podría llegar al suicidio por no encontrar suficientes alicientes en esta vida. ¡Mayor pesimismo no cabe!

Pero el descenso de las líneas solo tiene este significado tan poco tranquilizador cuando aparezca habitualmente, ya que, de forma ocasional, las líneas pueden descender por diversos motivos: cansancio, enfermedad, estados depresivos temporales, etc.

Si el descenso es moderado y aparece solo de manera eventual (de ahí la importancia de analizar varias muestras de escritura), la interpretación es más benigna, ya que puede ser debido a una fatiga pasajera (ya sea mental o física) o incluso a que el tema sobre el cual se escribe no sea del agrado del autor.

Y en el caso de que siempre existan esos descensos en los renglones, es muy posible que se trate de una persona con tendencias melancólicas, o bien con un cierto pesimismo que le hace dudar de sus propias fuerzas para enfrentar los problemas.

Por lo tanto, y como acabamos de ver, hay que ser muy cauto a la hora de interpretar la dirección de las líneas en conjunto, tanto en el caso de que sean ascendentes como descendentes, pues los tradicionales significados de «optimismo» y «pesimismo» son más que matizables.

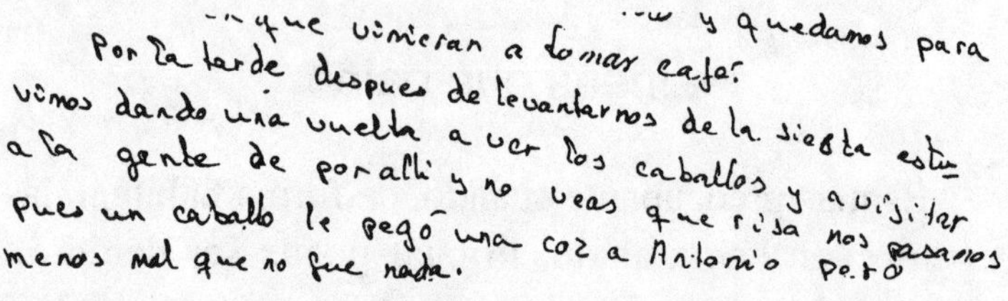

FIG. 63. *Líneas descendentes.*

Clarísimo descenso (próximo a los 10 grados) el que presentan las líneas de esta carta, lo que nos dice, como mínimo, que fue escrita en un mal momento.

Líneas sinuosas

Se dice que las líneas son «sinuosas» cuando los renglones aparecen ante el observador como ondulados, a veces con muy ligeras curvaturas. Este es un rasgo que, sobre todo, expresa la capacidad para adaptarse a las diferentes situaciones.

Es como si las letras (símbolos del «yo») se ajustasen a los renglones (que simbolizan la realidad, el terreno práctico) haciéndolo —además— de forma curva, armónica.

Por otro lado, significa también oscilaciones en el estado de ánimo, con fases en las cuales el sujeto se siente enormemente activo, enérgico, «pletórico» en definitiva, alternando con otras en las que «pierde gas», se desmoraliza y se viene abajo, incluso sin motivos fundados para ello.

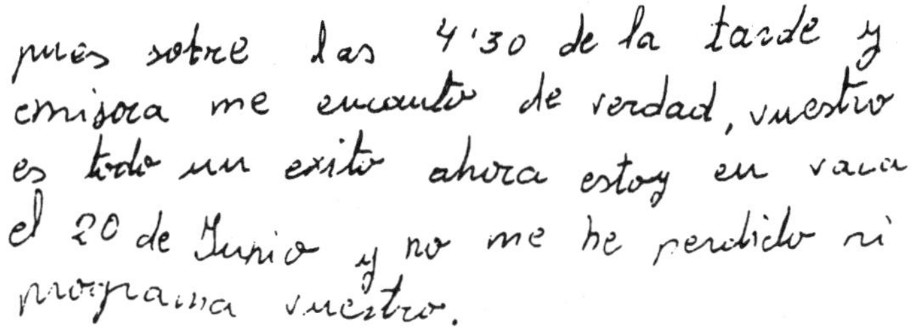

FIG. 64. *Líneas sinuosas.*

Ascensos y descensos encadenados dan como resultado renglones sinuosos como los que se pueden ver en este ejemplo.

Escritura cóncava

Se emplea este término cuando las líneas comienzan un descenso al principio de los renglones para, poco a poco, ir recuperándose a medida que nos acercamos al margen derecho.

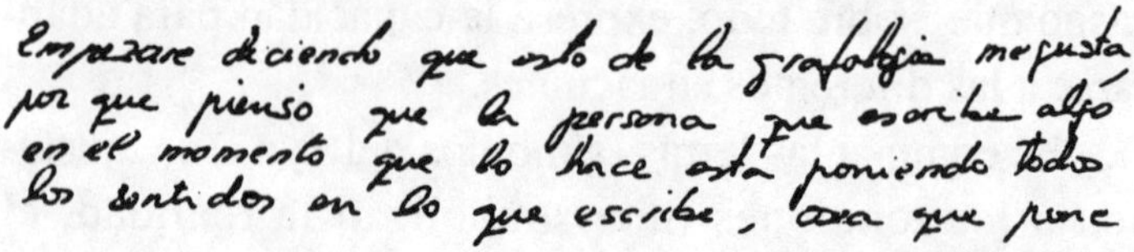

Empezaré diciendo que esto de la grafología me gusta por que pienso que la persona que escribe algo en el momento que lo hace está poniendo todos los sentidos en lo que escribe, cosa que pone

FIG. 65. *Líneas cóncavas.*

Comienzan en un claro descenso que, a partir de la mitad de los renglones, se convierte en ascenso.

La interpretación es bien sencilla: al principio de las nuevas situaciones la persona se sentirá preocupada, angustiada, agobiada, pero luego se irá tomando ánimo e irá solucionando las cosas, de forma que siempre los finales serán más optimistas que los principios.

Escritura convexa

Todo lo contrario que en este tipo de escritura, en el que las líneas terminan yendo hacia abajo, a pesar de los comienzos ascendentes, optimistas y confiados. Sería aquello de «salida de caballo andaluz...»

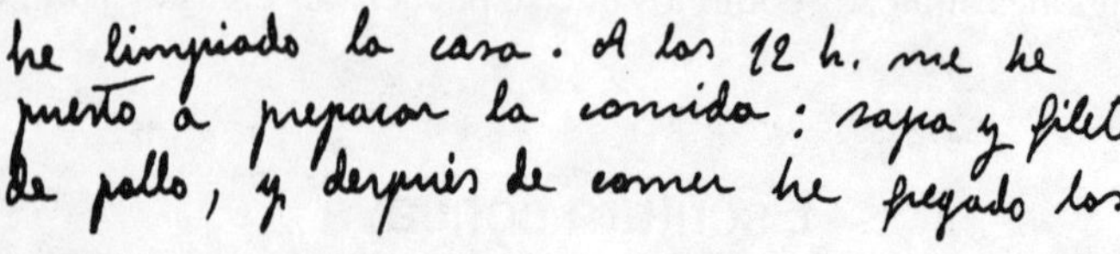

he limpiado la casa. A las 12 h. me he puesto a preparar la comida: sopa y filetes de pollo, y después de comer he fregado los

FIG. 66. *Líneas convexas.*

Los principios de línea son ascendentes mientras que, tras una zona horizontal en el centro, aparece el descenso final, manifestándose así la convexidad.

Ascensos y descensos finales

Al final de cada elemento gráfico, ya sea letra, palabra y —sobre todo— línea o texto completo, están los elementos más «sustanciosos» de la escritura. Ocurre como en las visitas, que al principio todos somos maravillosos, pero es el conocimiento posterior el que marca las verdaderas pautas.

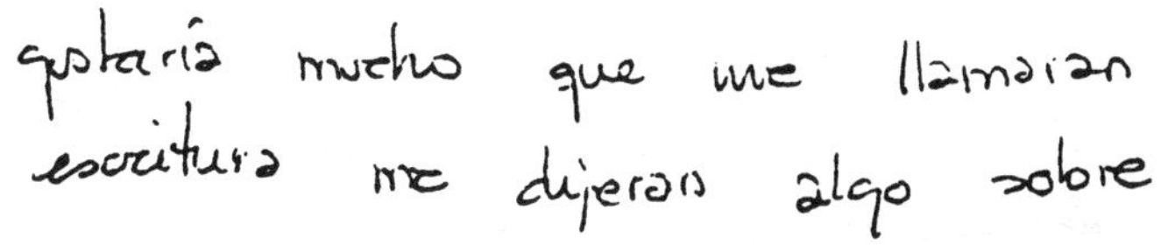

Fig. 67. *Ascensos finales.*

Se presentan sobre todo en las palabras, siendo más llamativos en las últimas de cada renglón.

En la escritura pasa igual, ya que normalmente las cartas comienzan con una letra mejor hecha pero menos espontánea que la del final. Por eso los finales son tan interesantes y, en el tema que nos ocupa, es fundamental observar si las últimas letras o trazos van hacia arriba o hacia abajo. Según sea un caso u otro, habrá una tendencia de fondo, bien hacia la superación de las dificultades o bien a dejarse superar por las mismas.

Por lo tanto, si hay ascensos al final, sobre todo de palabras y líneas, quiere decir que existe capacidad de recuperación ante situaciones difíciles: la persona tiene «resortes» y «salidas de emergencia», por muy mal que se pongan las cosas.

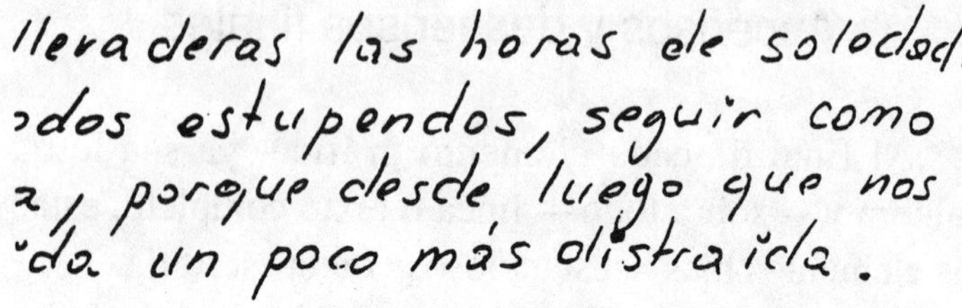

lleraderas las horas de soledad.
?dos estupendos, seguir como
z, porque desde luego que nos
·da un poco más distraída.

FIG. 68. *Descensos finales.*

Son evidentes las caídas de las últimas letras de cada renglón, determinantes de la tendencia al desánimo final.

Por último, si al final predominan los descensos, esto nos está indicando claramente el esfuerzo que la persona hace para que no le venzan las circunstancias, aunque no pueda evitar el desánimo final.

Variaciones en la dirección

Otro caso es el de la escritura cuyas líneas unas veces caen y otras suben, sin que existan unos criterios fijos.

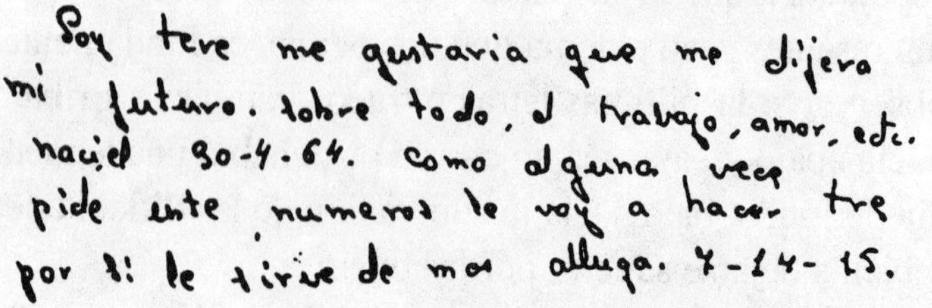

Por tere me gustaria que me dijera
mi futuro. sobre todo, el trabajo, amor, etc.
nació 30-4-64. como alguna vece
pide ente numeros le voy a hacer tre
por li le sirve de mas alluga. 7-14-15.

FIG. 69. *Dirección variable.*

Cambios por doquier en la dirección de estas líneas que tan pronto ascienden como caen, sin que se pueda establecer ningún criterio fijo.

Son propias de personas con muchísimos cambios en el estado de ánimo, a veces en intervalos muy cortos de tiempo. Indica también inseguridad, inmadurez e inestabilidad emocional, tanto más agudas cuanto mayores y más frecuentes sean las variaciones en la dirección de los renglones.

Escribir con falsilla

Se trata de esas hojas con una plantilla de líneas horizontales que algunas personas utilizan para colocarlas bajo la hoja en la que escriben y evitar que sus renglones «se tuerzan». Es, no cabe duda, un sistema para evitar las variaciones que acabamos de comentar; se coloca la falsilla y ¡líneas «perfectas»!

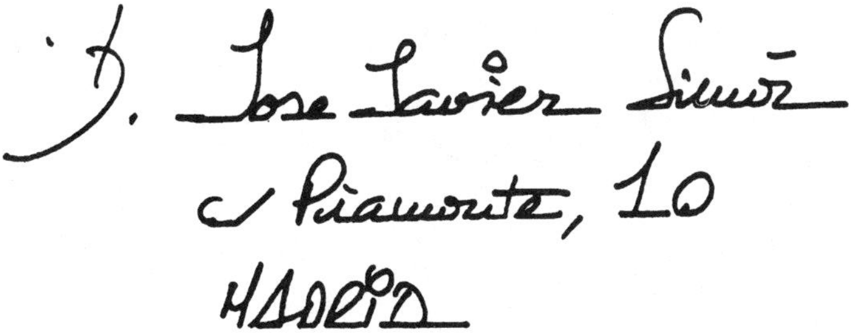

FIG. 70. *Escritura hecha con «falsilla».*

Aparte de la rigidez de la zona inferior de los renglones, se puede comprobar cómo la distancia entre los mismos es exactamente igual, lo que demuestra claramente la utilización de «falsilla».

Pero la solución no es tan fácil. Primero, porque se ve claramente que la escritura ha sido hecha con falsi-

lla, entre otras cosas porque la distancia entre renglo-
nes es siempre exactamente la misma.

Y además porque demuestra que se intenta dar una
imagen falsa, normalmente porque existe una cierta
inseguridad personal.

CAPÍTULO VII
¿Tímidos, cariñosos o «lanzados»?

La inclinación de las letras

CUANDO VEMOS a una persona conocida que nos cae bien es muy normal que al saludarle le demos un efusivo abrazo, para lo que nuestro cuerpo ha de inclinarse hacia adelante.

Pero si la persona a la que tenemos que saludar no nos cae tan bien, sin duda seremos menos efusivos y nos mantendremos en nuestra postura normal limitándonos a darle la mano.

¿Y cuántas veces no habremos deseado no tener que saludar a personas que literalmente «nos hechan para atrás»?

Algo semejante a esto tiene lugar cuando nuestras letras se desplazan sobre el papel a medida que escribimos, yendo desde la zona izquierda, donde se localiza simbólicamente «el yo», hacia la derecha, donde se encuentran «los demás».

Por tanto, la inclinación de nuestra escritura responde al ánimo con el que, en general, nos relacionamos con los otros. Cuanto mayor sea nuestro grado de afectividad, mayor será también la inclinación de nuestras letras.

Inclinada = AFECTIVIDAD

Vertical = AUTOCONTROL

Invertida = RETRAIMIENTO

FIG. 71. *Simbología general de la inclinación.*

Cuadro sinóptico y muy sencillo para recordar lo que la inclinación de las letras simboliza de forma prioritaria: la inclinación de los monigotes representa la de las propias letras.

Ahora bien, ¿se puede objetivar y calibrar la inclinación de las letras? O, en otras palabras: ¿cómo podemos medir este nuevo parámetro?

Pues atendiendo sobre todo a los «palotes» de las letras que los tienen, que no son sino sus «crestas» y «pies», para ver los ángulos que forman con la horizontal o, mejor dicho, con la «línea base de escritura», ya que las líneas no tienen por qué ser horizontales, como vimos en el anterior capítulo.

En buena lógica habría que hacer una media de las inclinaciones, aunque muchas veces basta medir algunas y observar la tendencia general.

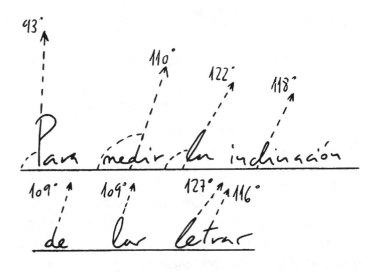

FIG. 72.   *Medida de la inclinación.*

Forma exhaustiva de medir la inclinación, a base de hacerlo en cada trazo vertical tomando como referencia la línea base de escritura. El instrumento utilizado es el transportador de ángulos.

Escrituras inclinadas

Son las que se inclinan hacia la derecha del papel de forma más o menos ostensible. Según lo explicado al principio, este tipo de escrituras son propias de personas cariñosas, que necesitan el intercambio de afectos para sentirse bien, característica que responde a un sentimiento muy humano, como especie social que somos, y sociable, que deberíamos ser.

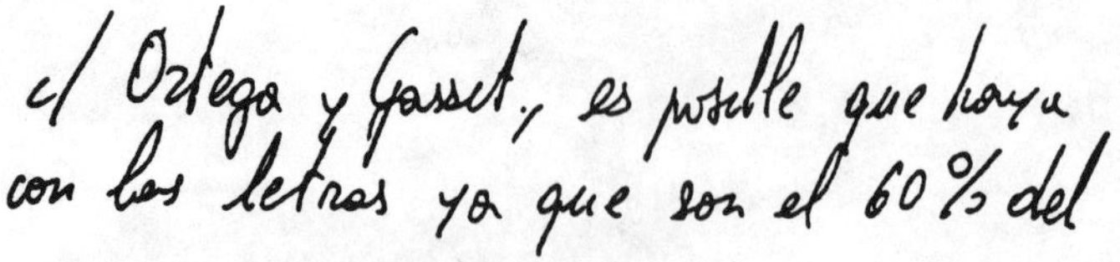

el Ortega y Gasset, es posible que haya con las letras ya que son el 60% del

FIG. 73. *Escritura inclinada.*

Moderada inclinación que ronda los 110 grados de media, con algunas ligeras oscilaciones.

Hay veces que las letras, más que inclinarse, prácticamente se «tumban» hacia la derecha, destacando esta característica sobre otras en este tipo de escrituras. Teóricamente deberíamos pensar que se trata de personas tremendamente cariñosas, y así es en gran medida.

Pero también es cierto que muchas veces un exceso de inclinación está más de acuerdo con una necesidad casi angustiosa de sentirse queridos. No obstante, hay que analizar cada caso en particular y tener en cuenta, por supuesto, otros rasgos de la escritura.

Por otro lado, la inclinación es un movimiento progresivo, es decir, que va de izquierda a derecha, del «yo» a los demás, del pasado al porvenir, por lo que supone sin duda un rasgo de sociabilidad, así como de un adecuado desarrollo de la personalidad.

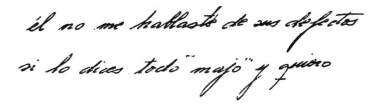

FIG. 74. *Escritura tumbada.*

En este caso las letras se inclinan nada menos que 140 grados hacia la derecha, dando esa sensación de «tumbadas».

Escrituras verticales

Se dice que una letra es vertical cuando la mayoría de los «palotes» de sus letras lo son respecto a la línea teórica que les sirve de base.

La verticalidad de la escritura indica un deseo de autocontrolar las emociones y, sobre todo, los afectos. No es que la persona sea fría, incluso puede que todo lo contrario, pero seguro que intentará por todos los medios ser dueña de sus sentimientos afectivos.

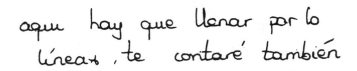

FIG. 75. *Escritura vertical.*

Aunque no es perfecta, pues hay algunas pequeñas desviaciones tanto a derecha como a izquierda, lo cierto es que la verticalidad predomina claramente en esta escritura.

Es también un signo de equilibrio, de firmeza, de ecuanimidad y estabilidad personal. Se considera un rasgo positivo para personas que tienen que desenvolverse en puestos directivos.

Escrituras invertidas

Llamamos «invertida» a la escritura que se inclina hacia la izquierda. Son letras hechas un poco «a contrapelo», como si se tuviera una prevención inconsciente a proyectarse hacia los demás y se estuviera un tanto a la defensiva.

Es, por tanto, un rasgo de inhibición, de retraimiento, de autoprotección afectiva. Pero, atención, por que también puede aparecer este tipo de letra por el hecho de tratarse de una persona zurda o que coja el bolígrafo de una forma extraña, la cual propicie esta inversión de las letras. En esos casos la interpretación será la de la escritura inclinada, ya que equivaldría a escribir por el reverso del papel.

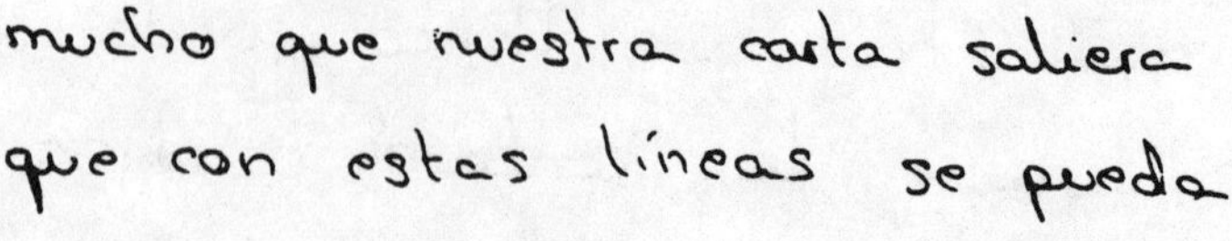

mucho que nuestra carta saliera que con estas líneas se pueda

FIG. 76. *Escritura invertida.*

La inclinación de estas letras apenas llega a los 65 grados, mostrándose por tanto inclinadas a la izquierda o, lo que es lo mismo, invertidas.

Si la inversión es muy acusada, la escritura se llama «caída a la izquierda» y, desde luego, que hay que interpretar todo lo que se dijo para la invertida pero aumentado. O sea, que sería un claro síntoma de bloqueos afectivos propios de personas con una problemática en este aspecto.

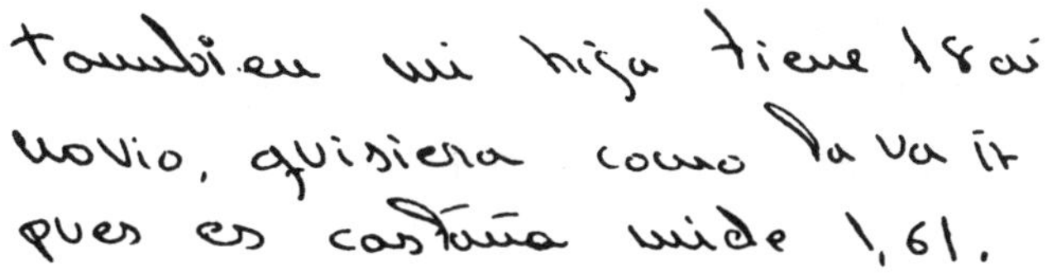

FIG. 77. *Escritura caída.*

La inversión de las letras tiene su culminación en la escritura «caída» a la izquierda, como esta que apenas alcanza los 40 grados de inclinación.

Claro que, pensando de nuevo lo de que los extremos se tocan, cabe la posibilidad de que se trate de personas muy necesitadas de afectos, que han desarrollado mecanismos de autoprotección para no sentirse rechazadas o heridas en su amor propio. Para determinar todo esto es necesario estudiar cada caso y, desde luego, tener en cuenta otros rasgos.

Variaciones en la inclinación

Cuando las letras «bailan», es decir, que unas se inclinan a un lado y otras a otro, es evidente que también hay una especie de «baile afectivo» dentro del sujeto. Los sentimientos no están suficientemente asentados y pueden fijarse de forma aleatoria. Y no solo los sentimientos, sino las actitudes, la forma de comportarse, etc.

Sin embargo, es normal que haya unas ligeras variaciones entre la escritura del trabajo y la que se hace en cartas a familiares o amigos íntimos, lógicamente más inclinada en estos últimos casos. También es posible encontrar variaciones en algunas palabras que despierten emociones en quién escribe.

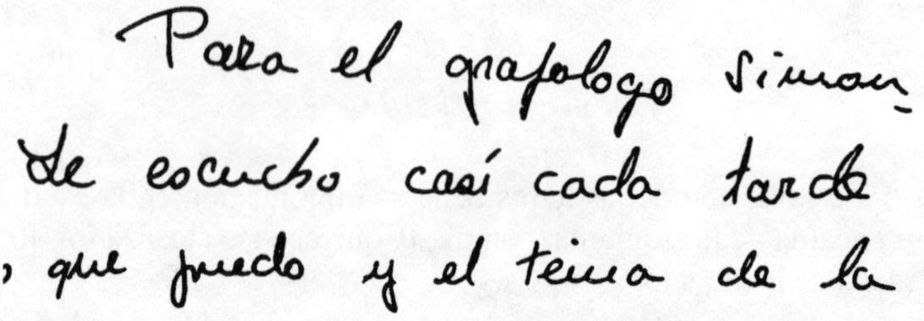

Para el grafologo siman de escucho casi cada tarde, que puedo y el tema de la

FIG. 78. *Escritura de inclinación variable.*

Son evidentes las oscilaciones a derecha e izquierda que, sin solución de continuidad, presentan los rasgos verticales de esta escritura.

Son frecuentes los escritos que empiezan con letras verticales y que terminan inclinándose, variando su grado de inclinación de forma progresiva. ¿Qué quiere decir? Pues que aunque al principio se intenta el autocontrol, este se va poco a poco suavizando, a la vez que se manifiestan facetas más cordiales.

Si existen en la misma carta párrafos con diferente inclinación que otros, es posible que existan dos «caras» en esa persona, una más amable y otra más seria y comedida.

Y, por último, si las variaciones de inclinación son muy frecuentes y acusadas a la vez que los trazos son rápidos, la escritura se llama «vibrante», siendo propia de personas con una extraordinaria intuición, pudiendo llegar a poseer capacidades rayanas en lo paranormal, aunque tanto sus variaciones de ánimo como de forma de sentir hacia los otros sean también proverbiales.

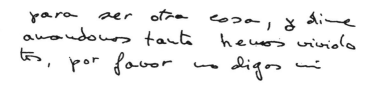

FIG. 79. *Escritura vibrante.*

Aquí las variaciones son más frecuentes y los trazos muy rápidos, por lo que hemos catalogado esta escritura de «vibrante».

CAPÍTULO VIII

El ritmo vital

La velocidad de la escritura

C ADA PERSONA tiene su propio ritmo vital, una cadencia personal e intransferible con la que lleva a cabo toda su actividad. La escritura es parte de esa actividad vital y fiel reflejo de la misma por lo tanto, podemos decir sin ningún tipo de duda que «escribimos al mismo ritmo que vivimos». Esto es válido salvo en los casos en que por falta de cultura gráfica exista un enlentecimiento de los trazos que no se corresponda con el ritmo vital, lo que ocurre sobre todo en los casos de alfabetización tardía o en personas de avanzada edad.

Distinguimos dos tipos de velocidad, la global y la de los trazos, que no siempre coinciden. La primera responde al ritmo general de vida, mientras que la segunda se centra más en las cadencias instantáneas.

Velocidad global

Es la velocidad media de escritura, medida en letras por minuto. Se puede medir cronometrando

varios minutos de escritura fluida y dividiendo el
número de letras escritas para ver la media de le-
tras/minuto. Lo normal es que se escriban entre 130 y
170 letras cada 60 segundos.

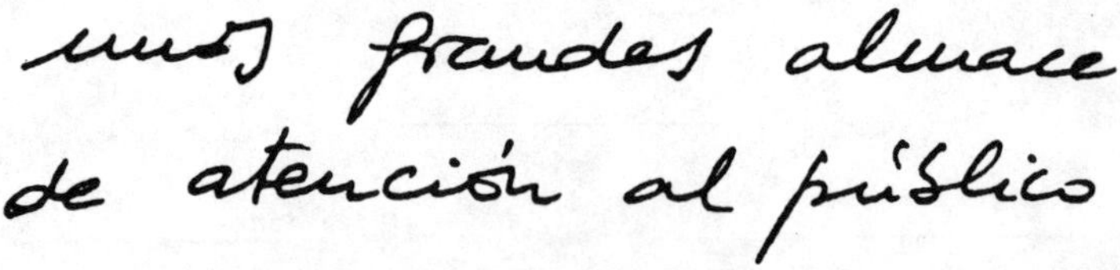

*unos grandes almace
de atención al público*

FIG. 80.   *Escritura de velocidad global normal.*

Las 145 letras/minuto de esta escritura nos llevan a encua-
drarla dentro de lo que se puede considerar velocidad normal.
La fluidez de los trazos, así como su tendencia a unir las letras
entre sí y el tamaño no excesivo de estas son factores externos
que servirían para catalogarla en este apartado, en caso de no
poder medir la velocidad directamente.

Si no es posible cronometrar, habrá que fijarse en
los rasgos que enlentecen la escritura, como son la eje-
cución muy cuidada de las letras, los adornos, la desu-
nión entre letras y la separación excesiva de palabras,
el tamaño grande, los ángulos, los retoques y enmien-
das, la presión fuerte, etc.

Cuantos más factores de los citados existan, más
se enlentecerá la escritura y, al revés, cuantos menos
haya, más fluida será esta.

La velocidad global nos mide, sobre todo, la canti-
dad de trabajo que se está en disposición de realizar
por unidad de tiempo. Algo así como la «media labo-
ral» de la persona.

Escrituras rápidas

Son las que superan las 170 letras/minuto de media y normalmente corresponden a escrituras cuyos trazos también han sido realizados con rapidez. Las personas que escriben así son bastante diligentes en sus trabajos.

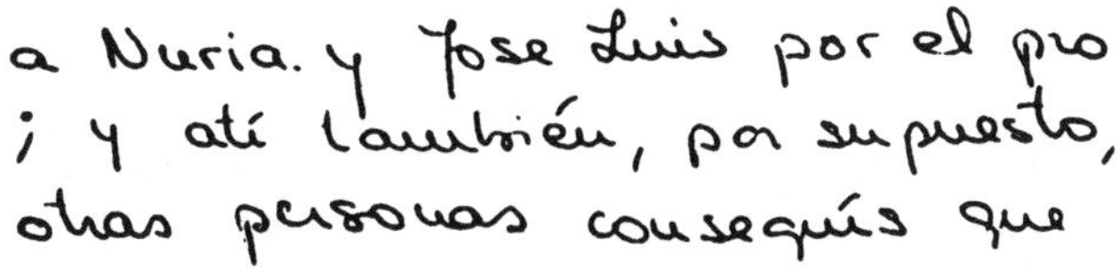

FIG. 81. *Velocidad global rápida.*

El pequeño tamaño junto a la unión entre trazos y la rapidez de estos, unido a su simplificación, hacen que esta escritura alcance las 175 letras/minuto.

Escribir rápido supone también acercarse con rapidez hacia los otros, por lo que se considera un rasgo coadyuvante de la sociabilidad.

Si la velocidad supera las 200 letras/minuto, la escritura se considera precipitada y todas las interpretaciones anteriores serían válidas, eso sí, aumentadas proporcionalmente.

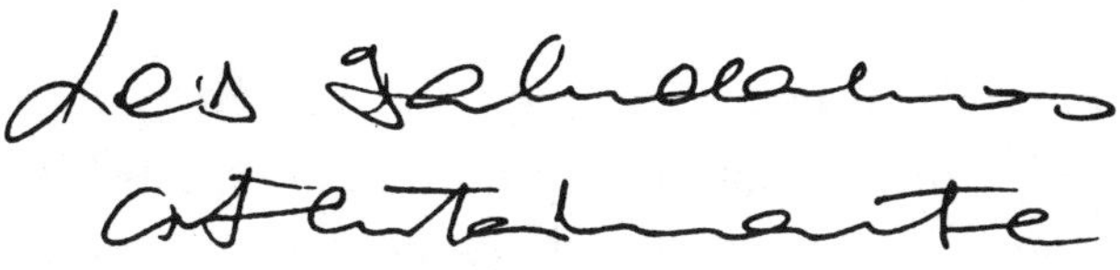

FIG. 82. *Escritura precipitada.*

Letras que se estiran en forma de hilo («filiformes» por tanto); nos dicen bien a las claras que la precipitación es quizá la característica más llamativa de esta muestra escrita, que supera las 200 letras/minuto.

En este último caso se corre el riesgo de caer en precipitaciones que suponen generalmente un aumento de la ansiedad. Se quieren hacer las cosas demasiado deprisa sin preocuparse tanto por la calidad de las mismas.

Escrituras lentas

Se consideran así las que no llegan a las 130 letras por minuto. Por lo general suelen ser realizadas con trazos pausados, lo que demuestra, en principio, un carácter tranquilo, apacible, reflexivo, con marcado predominio de la lógica.

Tambien me gustaria q como es mi personalidad y hombre de mi vida.

Fɪɢ. 83. *Velocidad global lenta.*

Letras hechas con extremada perfección, casi «dibujadas», a la vez que separadas unas de otras, dan una velocidad global que escasamente sobrepasa las 100 letras/minuto.

Quienes así escriben se comportan en el trabajo con más minuciosidad que premura, anteponiendo la perfección al volumen de trabajo realizado. Es también un rasgo de introversión, por lo que su capacidad para relacionarse socialmente puede estar un poco limitada.

Cuando ni siquiera se llega a las 100 letras por minuto, la velocidad se considera muy lenta y todo lo dicho anteriormente se potencia.

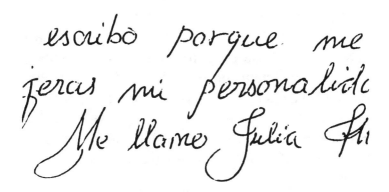

FIG. 84. *Escritura muy lenta.*

Aparte de lo pausado de los trazos, los adornos que aparecen con profusión hacen que esta muestra esté por debajo de las 100 letras/minuto.

La lentitud excesiva puede ser también debida a falta de costumbre de escribir y/o a dificultad para hacerlo. En estos casos es muy difícil hacer valoraciones grafológicas, tal y como decíamos al comienzo de este capítulo.

Velocidad de los trazos

Una cosa es la velocidad global de la escritura, de la que ya hemos hablado, y otra diferente la de los trazos con los que se han escrito las letras. Esta última la podemos apreciar sobre todo si vemos escribir a la persona. Si no es así, habrá que fijarse en sus formas y deducir de ellas la rapidez con que los trazos han sido realizados.

Si son rápidos, las personas son activas, dinámicas, poseen agilidad mental y buenos refejos. Puede haber una facilidad extraordinaria para las relaciones públicas y una intuición fuera de lo normal, así como un excelente oído para la música. También entrarían en juego factores de ansiedad, así como la posibilidad de alteraciones nerviosas más o menos importantes, pero para eso habría que considerar también otros rasgos de la escritura.

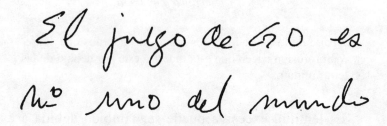

FIG. 85. *Trazado rápido.*

Trazos que parecen casi eléctricos, provocando incluso deformaciones en algunas letras.

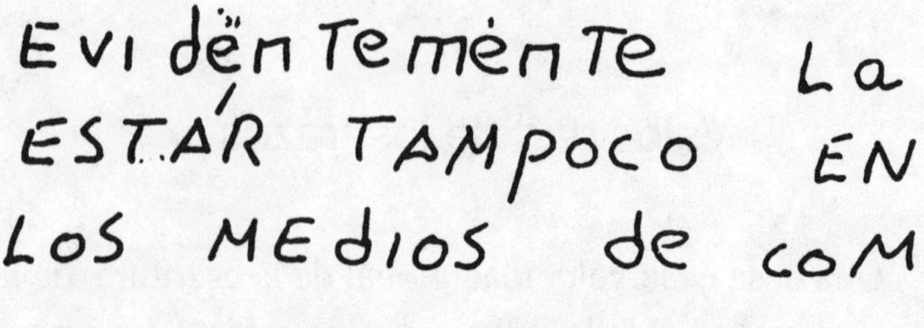

E vi dën Te mén Te   La
ESTÁR TAMPOCO   EN
Los MEdios de coM

FIG. 86. *Trazado lento.*

Presión muy fuerte y evidente lentitud en estos trazos que parecen haber sido hechos utilizando una especie de «arado» como útil de escritura.

¿Trazos rápidos en escrituras lentas?

Lo normal es que a trazos rápidos correspondan escrituras también rápidas, mientras las escrituras lentas son hechas con trazos más pausados. Y así es en líneas generales.

A

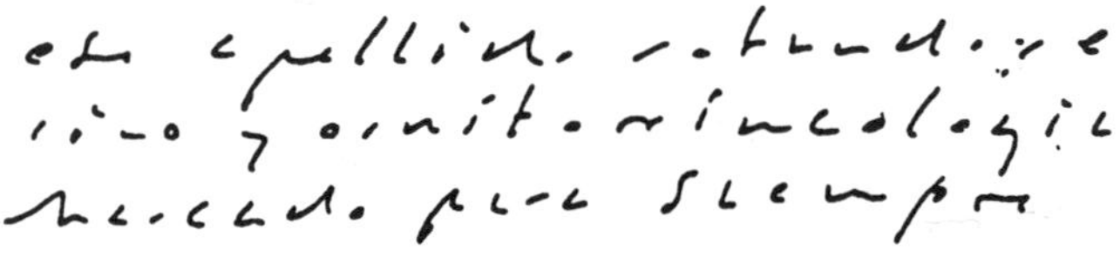

B

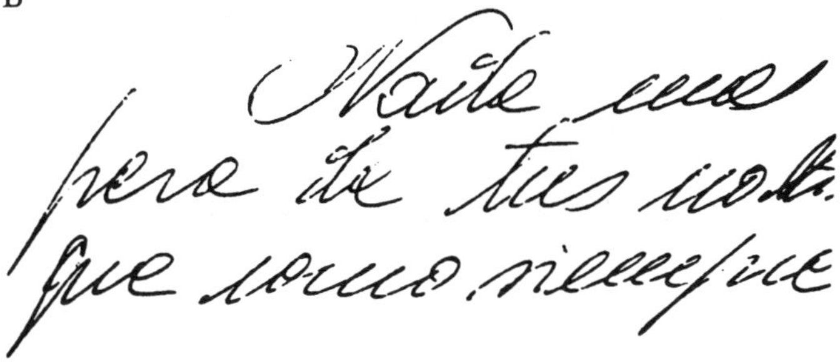

C

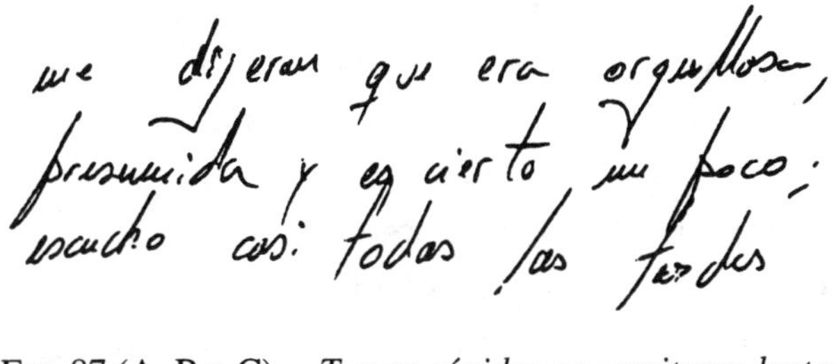

FIG. 87 (A, B y C). *Trazos rápidos en escrituras lentas.*

En la muestra «A» es sin duda la separación excesiva lo que enlentece la velocidad global; en la «B» lo es el excesivo tamaño, así como los adornos, y en la «C» son los ángulos y la propia separación lo que favorece la lentitud global a pesar que los trazos han sido realizados con agilidad.

Pero imaginemos el caso de una persona que hace los trazos muy rápidos, pero que «se entretiene» al escribir: hace rasgos innecesarios, corrige demasiado, retoca las letras, separa mucho estas entre sí o las palabras, etc.

Su velocidad global, lógicamente, se resentiría, pero la velocidad de sus trazos seguiría siendo rápida.

Puede darse el caso contrario: que una escritura de trazos no muy rápidos, por su simplificación, unión de letras, etc., consiga una velocidad global por encima de lo que cabría esperar.

Estos dos tipos de personas existen, por lo cual se hace necesario distinguir los dos tipos de velocidades descritas.

Variaciones de la velocidad

Las hay de muy diferente índole, siendo la más normal la que aparece en diferentes escritos de una misma persona por haber sido hechos en distintas circunstancias; por ejemplo, una carta y unos apuntes tomados en clase o una nota escrita en la oficina. Es lógico que las velocidades sean distintas, por lo que no existe una interpretación como tal.

Otro caso es que en el mismo tipo de escrito la velocidad varíe en distintas zonas. Es muy corriente que se termine a más velocidad que se empiece, como si se fueran «calentando motores» a medida que se va escribiendo. Estas personas también terminarán las cosas a mayor velocidad que las empiezan, sea lo que sea.

A veces se observa una aceleración al final de cada línea o de cada párrafo, lo cual nos indica que hay periodos de incremento del ritmo vital y laboral, los cuales serían cíclicos.

A

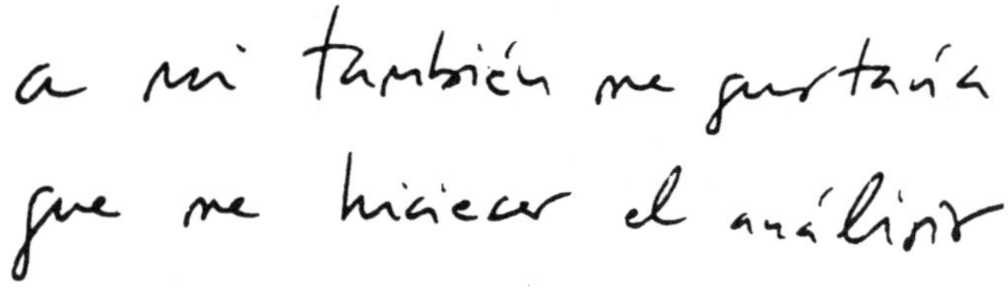

B

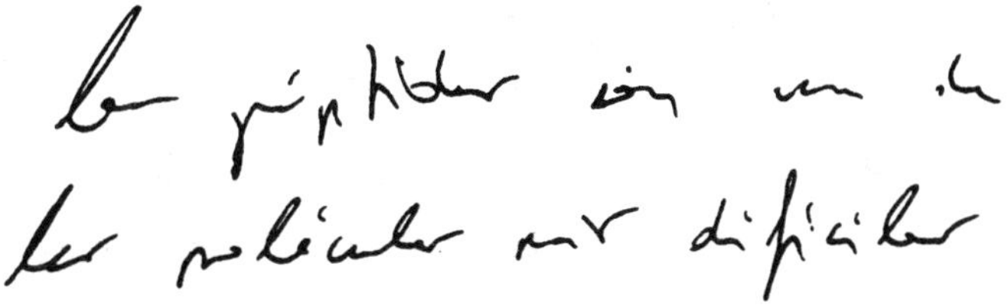

FIG. 88 (A y B). *Velocidad variable en escritos diferentes.*

Es muy diferente la velocidad de la escritura cuando se escribe una carta, caso de la muestra «A», que cuando se toman apuntes, muestra «B». Para comprobar que se trata de la misma escritura, basta fijarse, por ejemplo, en el rasgo final de las «s», genuinamente proyectado hacia arriba.

Los casos de ralentización son más raros, pero también se dan. Si la escritura se va enlenteciendo, quiere decir que, tras comienzos más ágiles, se tiende a reflexionar y se procura terminar las cosas con tranquilidad, buscando no cometer errores finales.

Por último, existe la posibilidad de que en el mismo escrito y de forma aleatoria se observen zonas escritas a mayor velocidad que otras, siendo esto habitual en esa persona. Indica cambios muy frecuentes en su forma de desenvolverse, con alteraciones más o menos importantes de su ritmo vital, el cual presentará no pocos altibajos.

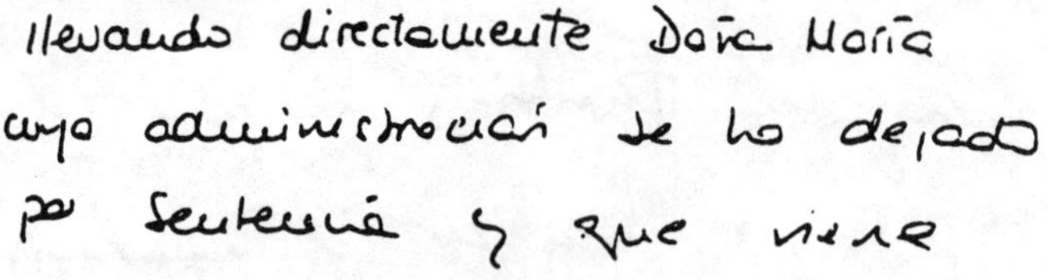

Fig. 89. *Escritura acelerada.*

Puede verse claramente cómo a lo largo de cada renglón existe una mayor rapidez en los trazos.

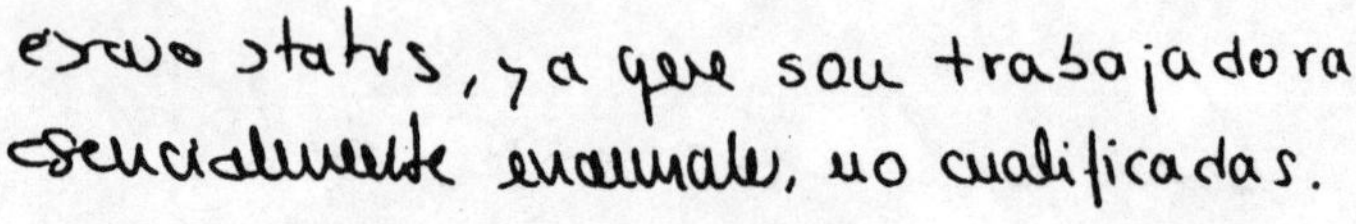

Fig. 90. *Escritura retardada.*

Como si echase un hipotético freno, las palabras finales son escritas más lentamente que las iniciales de cada línea.

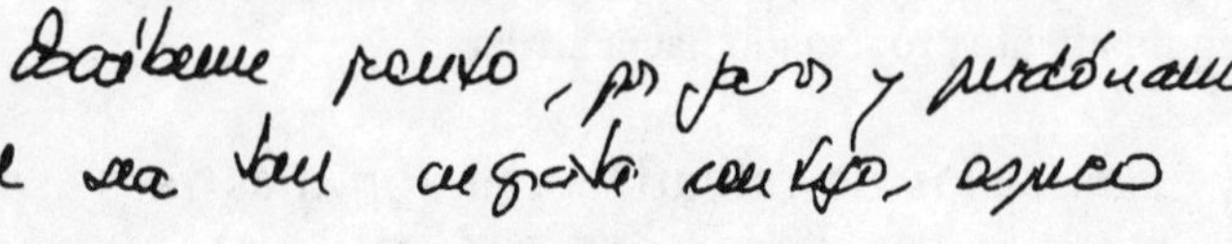

Fig. 91. *Escritura de velocidad variable.*

Aunque en general hay rapidez en los trazos, en algunas palabras («favor» es el ejemplo más claro) existe precipitación, lo que sucede de forma aleatoria, dando a esta muestra el carácter de variable en lo que a velocidad se refiere.

CAPÍTULO IX
¿Trazos fuertes o suaves?
La presión de la escritura

CUANDO EL BOLÍGRAFO va recorriendo el papel a medida que escribe, va «aterrizando» y «despegando» sucesivamente y, de esta forma, hace una serie de surcos que quedan rellenos de tinta. Esta sería la película del hecho físico de escribir, vista con una cámara de aumento. En el fondo es algo muy parecido a lo que los labradores hacen con el «arado» (bolígrafo) sobre el «sembrado» (papel).

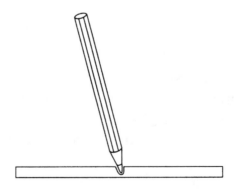

FIG. 92. *Surco realizado sobre el papel al presionar el útil de escritura.*

En este dibujo aparece con un tamaño proporcionalmente exagerado la impresión en forma de surco que el útil de escritura (sobre todo bolígrafos y lapiceros) hacen sobre el papel.

Factores que influyen

Y pasando ya al «campo» de la hoja de papel, la forma en que esta quedará «labrada» por el útil de escritura dependerá, primero, de la fuerza con que este se apoye sobre la hoja, pero también del tipo de papel de que se trate (grosor, satinado, etc.), así como de la superficie de apoyo (dura, blanda, lisa, rugosa, etc.)

No es lo mismo escribir sobre una hoja fina y satinada apoyada sobre mármol, que en un papel grueso, con varias hojas debajo y sobre una mesa de madera.

También el útil de escritura es muy importante para valorar la presión: por ejemplo, el bolígrafo, la pluma y el rotulador ejercen presiones distintas manejados por la misma persona sobre el mismo papel y en el mismo momento.

Forma de medirla

Puede hacerse directamente, observando cómo han quedado marcados los trazos, para lo cual es mejor usar una lupa de aumento o, incluso, un microscopio si se quieren apreciar mejor las hendiduras de los trazos en el papel.

Una observación interesante es tocar la hoja para ver si se aprecian al tacto los surcos; esto, claro está, cuando el útil es un bolígrafo o un lápiz, ya que ni la pluma, ni mucho menos el rotulador, suelen dejar huellas profundas.

También es adecuado mirar las hojas de apoyo, es decir, aquellas sobre las que se escribió, ya que según se marquen en ellas más o menos las letras la presión será mayor o menor.

Presión fuerte

Si los trazos han sido realizados apoyando el útil con firmeza sobre el papel, quedarán marcados apreciablemente y la presión será fuerte.

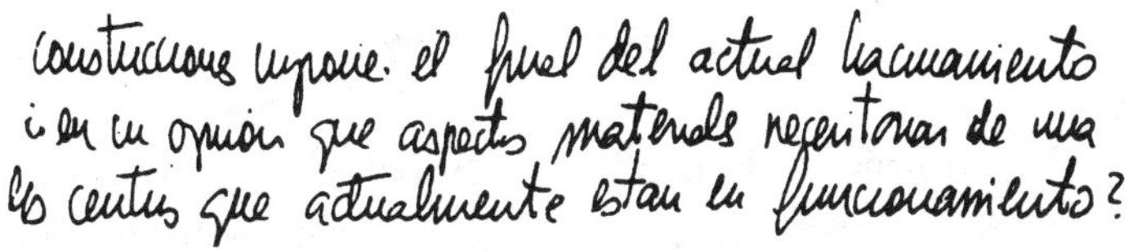

constucciones upone. el final del actual hacimamiento ¿ en un opinión que aspectos materiales necesitaran de una los centros que actualmente estan un funcionamientos?

FIG. 93. *Presión fuerte.*

Trazos fuertes, que han dejado huella palpable en el papel, realizados con un claro predominio del ángulo, lo que ratifica la fortaleza del autor.

¿Qué significa eso? Pues que se trata de alguien que tiene una energía interior muy apreciable, que irradiará hacia los demás. En efecto, los que aprietan firmemente el útil sobre el papel suelen relacionarse con facilidad; son gente que entra «pisando fuerte» en los ambientes en que se desenvuelve.

También es un rasgo de realismo, ya que se entra en la zona inferior del papel, si consideramos el anverso de este como zona superior y el reverso como inferior.

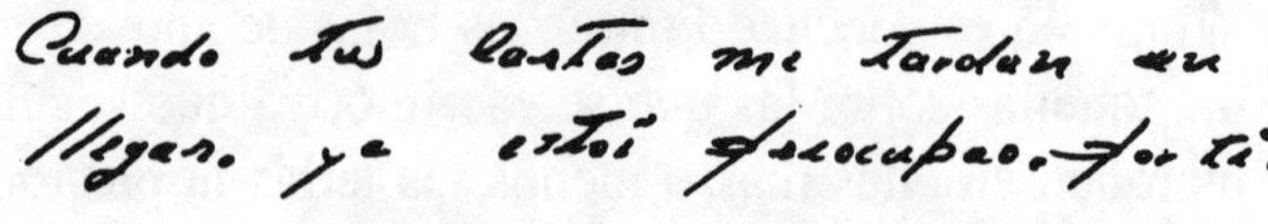

Cuando tus cartas me tardan en llegar, ya estoi preocupao.—por ti.

FIG. 94. *Presión muy fuerte.*

En este caso la presión es excesiva, pues casi se ha taladrado el papel, lo cual es particularmente notable en trazos largos.

Si es extremadamente fuerte, puede ser un índice de agresividad o de carácter difícil, sobre todo en escrituras de bajo nivel.

Presión suave

En cambio, si la presión es suave, quiere decir que el útil de escritura se ha deslizado delicadamente sobre el papel o, por lo menos, con mucha menos fuerza que en los casos anteriores.

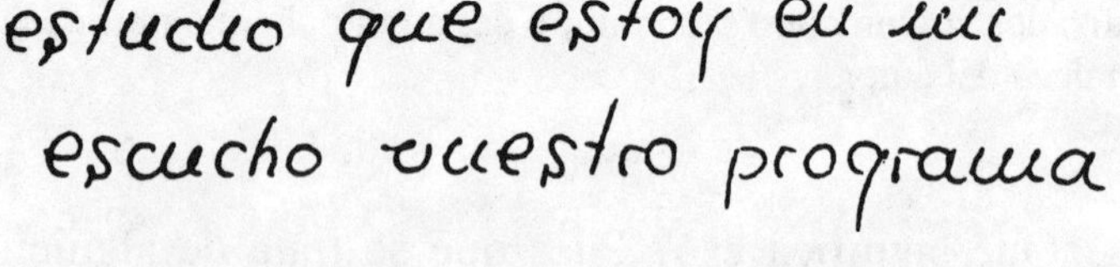

estudio que estoy en mi
escucho vuestro programa

FIG. 95. *Presión suave.*

Letra muy bien ejecutada aunque poco espontánea y, desde luego, no demasiado presionada. La suavidad sería, pues, una característica general de esta escritura.

La energía es, por tanto, inferior y el carácter más tímido. Son personas que entran en los sitios «de puntillas» por no molestar, o por miedo a hacerlo. Es síntoma de timidez, pero también lo puede ser de elegancia, sobre todo en letras de considerable nivel.

Si la presión es muy floja, aparte de disminuir proporcionalmente todos los aspectos comentados, puede haber problemas de tipo físico que estén limitando la energía vital de esa persona.

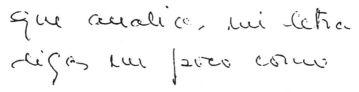

FIG. 96. *Presión muy floja.*

Estas letras han sido realizadas resbalando apenas el bolígrafo sobre el papel, destacando muy poco sobre este a pesar de haberse utilizado tinta negra.

Presión limpia

Nos hemos fijado en la profundidad de los surcos, o sea, en el grado de presión. Pero ¿cómo son los bordes de esos surcos?

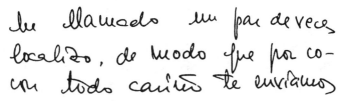

FIG. 97. *Presión limpia.*

Trazos fundamentalmente nítidos los de esta muestra, a la vez que trazados de forma ágil y espontánea. Destacan también algunas curiosas uniones altas, especialmente en puntos de la «i» y barras de las «t», con las letras siguientes.

Si son nítidos, es porque el útil se ha mantenido más o menos vertical, lo que indica buena salud, energía bien canalizada y pulcritud en general. En estos casos decimos que la presión es limpia.

Presión pastosa

Pero a veces se observan, incluso a simple vista, una serie de irregularidades en los trazos, como resultado de que se inclina demasiado el útil al escribir.

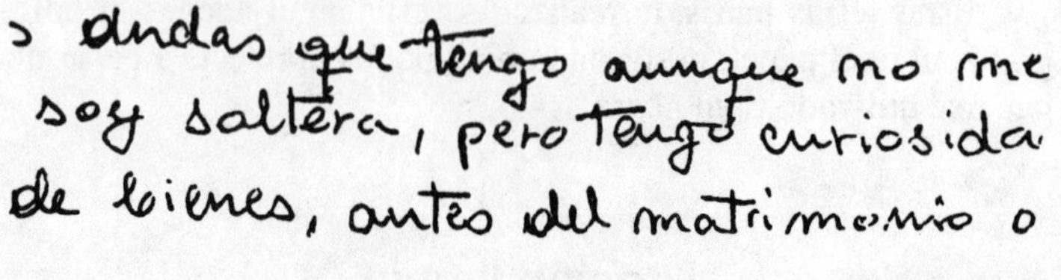

> andas que tengo aunque no me
soy soltera, pero tengo curiosida
de bienes, antes del matrimonio o

Fig. 98. *Presión pastosa.*

La excesiva inclinación del bolígrafo sobre el papel da como resultado estos trazos llenos de rugosidades en sus bordes, dando esa sensación de pastosidad general a la escritura.

Es síntoma de que la energía no se canaliza tan bien como sería de desear, pudiéndose perder en parte. Puede haber algunos problemas físicos, así como una cierta tendencia a la melancolía.

Todo ello siempre que el bolígrafo esté en buen estado, ya que a veces es el responsable de que aparezca esta «pastosidad», pero simplemente porque se le sale la tinta.

Presión «en relieve»

Se produce cuando en una misma letra hay trazos que aparecen más presionados que otros, dando esta sensación de «volumen» o «relieve» a las letras.

Ocurre en escrituras de personas con una acusado sentido estético, especialmente centrado en las artes plásticas; de hecho, a muchos de ellos les gusta el dibujo, la pintura, la decoración, la moda, etc. Pero puede ser también otro tipo de manifestaciones artísticas las relacionadas con esta característica de la escritura, por lo que podemos decir que la presión en relieve es una especie de «rasgo de artista».

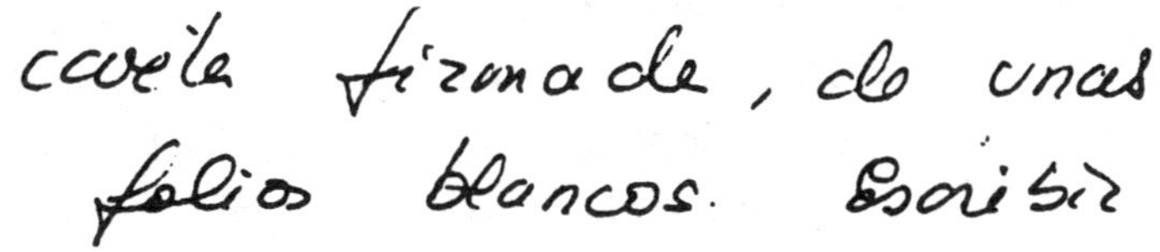

FIG. 99. *Presión en relieve*

Particularmente en las «f» y la «d» puede verse como el rasgo ascendente (perfil), es mucho más débil que el descendente (pleno), dando esa sensación de volumen a las letras.

Temblores en las letras

Se trata de pequeñas vibraciones en los trazos que a veces son muy poco visibles, necesitándose la lupa o el microscopio para detectarlos con claridad. Sin embargo, pueden darse casos en que resulten evidentes a simple vista.

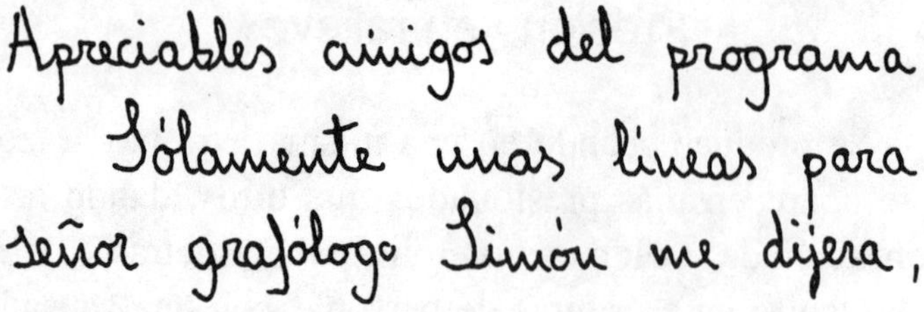

*Apreciables amigos del programa
Solamente unas líneas para
señor grafólogo Simón me dijera,*

FIG. 100.　*Letras con temblores.*

Escritura plana de temblores en todas las letras, algunos más visibles que otros, destacando los de los últimos pies. La ayuda de una lupa facilitará notablemente una más perfecta observación.

Las causas por las que aparecen estos temblores en la escritura pueden ser muy diversas, pudiendo ser tanto de tipo físico como psíquico. Por ejemplo, se observan temblores en letra de personas de edad, en enfermos de Parkinson u otras dolencias neurológicas, en los que toman drogas, ya sea alcohol u otro tipo, pero también en sujetos nerviosos, impresionables, inseguros, etc.

En cada caso hay que intentar ver el conjunto de la letra y el contexto en que ha sido realizada para interpretar correctamente los temblores, aunque en general no se trata de un rasgo de interpretación excesivamente positiva.

Letras rotas

Algo va mal también cuando se «rompen» las letras, pero ¿qué quiere decir esto y cómo se produce?

Pues estas «roturas» consisten simplemente en que hay zonas de letras que aparecen sin tinta, ya que se ha levantado el útil de escritura, a veces de forma casi imperceptible. Lo curioso es que suele pasar en determinadas zonas de las letras de quienes tienen este rasgo en su escritura, lo cual puede servir de gran ayuda a la hora de su identificación en trabajos de pericia caligráfica.

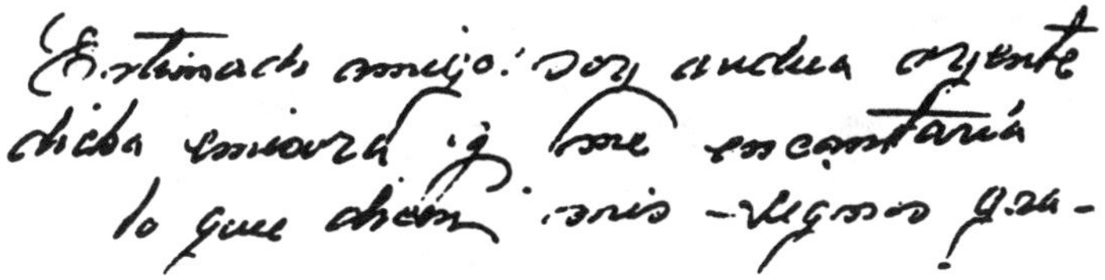

FIG. 101. *Letras rotas.*

Ya en la primera mayúscula aparece una rotura en la zona inferior; igual sucede con zona semejante de la totalidad de los pies.

Las causas de las roturas de trazos hay que buscarlas en una cierta inseguridad, que lleva a estas personas a levantar el útil de escritura en plena realización de una letra. También puede deberse a problemas de tipo físico, debiéndose, como siempre, estudiar cada caso particular.

Dirección de la presión

Es importante ver qué tipo de trazos están más presionados, si los que van de arriba a abajo, en vertical, o los dirigidos de izquierda a derecha, o sea, en dirección horizontal.

Si se presionan más los trazos verticales, no cabe duda de que se está intentando dirigir a los demás o, incluso más, imponer los criterios propios. Habrá que ver otros factores para determinarlo, pero lo cierto es que hay una predisposición hacia ello. También es verdad que estas personas tratan continuamente de adquirir nuevos conocimientos, sintiéndose aún en un periodo de preparación para la vida.

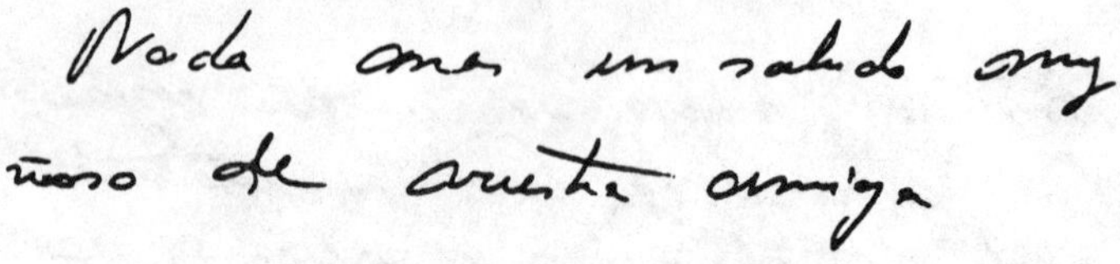

FIG. 102. *Presión vertical.*

Los trazos verticales han sido trazados de forma más enérgica que los horizontales, apreciándose de forma muy clara en las últimas «t» y «g».

En cambio, cuando los trazos horizontales son los más presionados, el sujeto está más dispuesto a darse a los demás, impartiendo su experiencia y sus conocimientos. Hay que tener en cuenta que es un movimiento hacia la derecha del papel (zona de «los otros»), por lo que también implica capacidad de iniciativa.

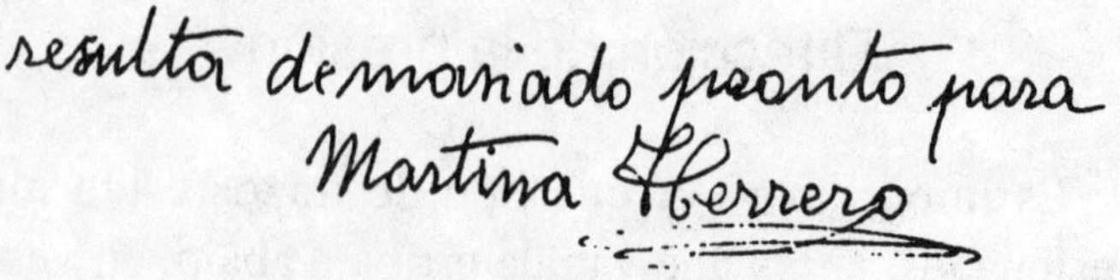

FIG. 103. *Presión horizontal*

Al contrario que en el ejemplo anterior, hay más presión en trazos horizontales, destacando las barras de las «t». También se aprecia con meridiana claridad en el trazo transversal de la inicial del apellido.

Variaciones en la presión

Lo más normal es que, a medida que se escribe, la presión vaya disminuyendo gradualmente, sobre todo en cartas o documentos largos y/o aburridos. Si, por el contrario, la presión se mantiene a lo largo del escrito, es que la energía también permanece constante a lo largo de una actividad, es decir, se canaliza adecuadamente.

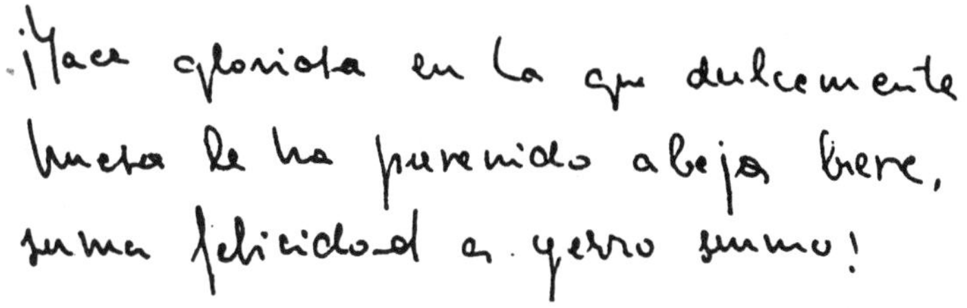

FIG. 104. *Presión variable*

Las variaciones son múltiples en la presión de esta escritura, donde pueden verse letras muy presionadas junto a otras muchos más débiles en este aspecto.

Cuando la presión es desigual en el mismo texto, y esto sucede así en todos los escritos de esa persona, nos está dando idea de que existe una inestabilidad, quizá resultado de una insatisfacción interna. Los «puntos débiles» de la personalidad se reflejan también en estas zonas de menos presión relativa de los trazos.

CAPÍTULO X
¿Letras unidas o separadas?

La cohesión de la escritura

CUANDO LOS NIÑOS empiezan a escribir sus primeras letras, las hacen, como es lógico, separadas, pues la realización de cada una de ellas les supone —sobre todo al principio— un esfuerzo considerable. Es curioso, sin embargo, cómo enseguida empiezan a colocar juntas las letras, aunque en principio no las unen con un trazo. Sin saberlo, realizan una escritura que, como veremos en este capítulo, lleva el nombre de «yuxtapuesta» y que algunos adultos también realizan, a veces con gran habilidad.

Es decir, que lo más primario serían las letras separadas, siendo cada una la representación simbólica de la persona. Luego, a medida que evoluciona la escritura, las letras se irán uniendo entre sí, normalmente en grupos. Este hecho no es más que una representación simbólica de que el individuo parte del «yo» hacia los demás, socializándose progresivamente a lo largo de su evolución.

Por lo menos esa es la tendencia general, pero desde luego que existen muchos casos particulares, que pueden ir desde quien une hasta las palabras entre sí a quien llega fraccionar las letras en los trazos que las componen.

Pero no solo en las letras minúsculas hay que fijarse. También son importantes las uniones o separaciones entre mayúsculas y minúsculas, así como la cohesión entre óvalos y palotes, «pies» con letras siguientes, etc.

Todo esto es lo que vamos a tratar en este capítulo dedicado a las diversas maneras de unirse o separarse la escritura, es decir, a la cohesión de la misma.

A

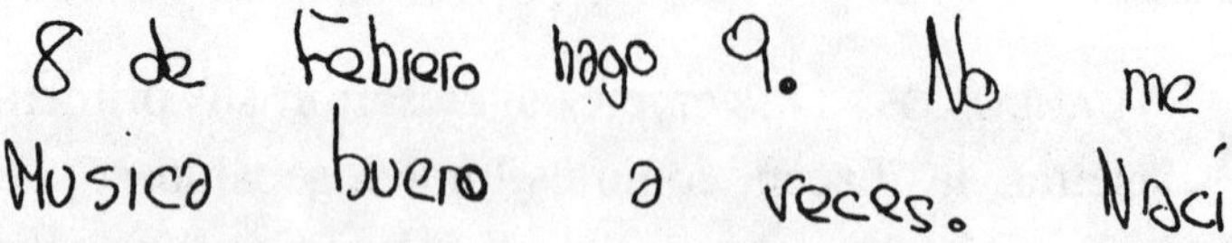

B

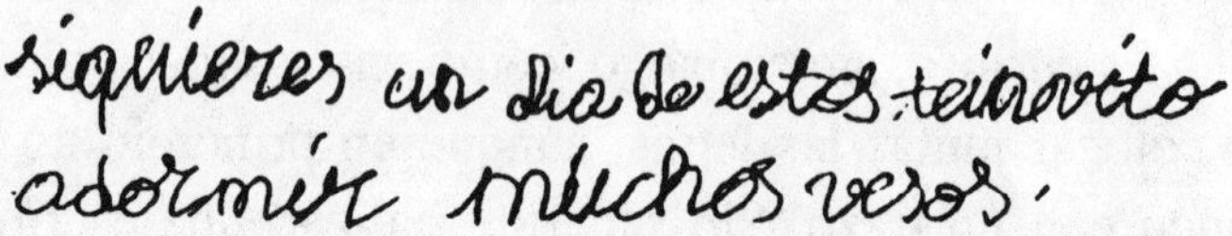

FIG. 105 (A y B). *Escrituras infantiles separada (A) y yuxtapuesta (B).*

Existe una notable diferencia de edad entre una y otra muestra (8 años la primera frente a los 4 de la segunda), pero en ambas se aprecia la tendencia a separar las letras, dado el esfuerzo que supone realizar cada una de ellas. Sin duda, es la búsqueda de la independencia —patente en la aparición de rasgos personales— lo que ha llevado a la autora de la primera muestra a no realizar apenas «reenganches», mientras estos sí aparecen en la escritura B.

Escritura ligada

Es aquella en que la mayoría de las letras están unidas unas a otras. Expresa sobre todo una predisposición a las relaciones sociales, pues cada letra es —al fin y al cabo— una representación del «yo». También se considera rasgo de altruismo, extraversión y facilidad para pensar de forma lógica, pues se supone que quien une las letras está mejor capacitado para unir ideas mediante razonamientos de tipo lógico.

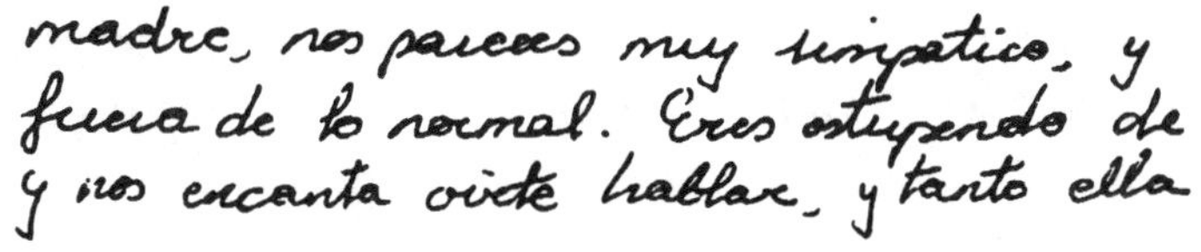

FIG. 106. *Escritura ligada.*

A pesar de que fijándose bien se pueden observar algunas yuxtaposiciones, lo cierto es la mayoría de las letras aparecen enlazadas.

Los que escriben así no suelen perder el hilo de las conversaciones ni de sus pensamientos, y tienden a hacer las cosas «de corrido», sin interrupciones.

Un caso extremo sería unir absolutamente todas las letras, e incluso algunas palabras entre sí. En estos casos puede existir incluso un cierto temor inconsciente a interrumpir las cosas, por no sentirse demasiado seguros de terminarlas. Expresa asimismo una necesidad de sentirse arropado por la sociedad; en definitiva, búsqueda de seguridad.

Trazos muy peculiares son aquellos que unen letras de forma especial en la zona superior: por ejemplo, un punto de la «i» o una barra de la «t» con la letra siguiente o un acento, etc. Son rasgos de inteligencia en general, y de capacidad para establecer asociaciones lógicas (además de alto nivel) en particular.

A veces se puede dar el caso de escrituras que parecen ligadas, pero que en el fondo no lo son, ya que lo único que se hace es juntar las letras, pero levantando el bolígrafo entre letra y letra. Se llaman escrituras «reenganchadas» o «yuxtapuestas» y son indicativas de que se quiere aparentar una sociabilidad ficticia. Esta interpretación carecería de validez en escrituras de muy bajo nivel, o bien en las de niños en fase de aprendizaje escritural; en ambos casos el hecho de reenganchar las letras carecería de sentido.

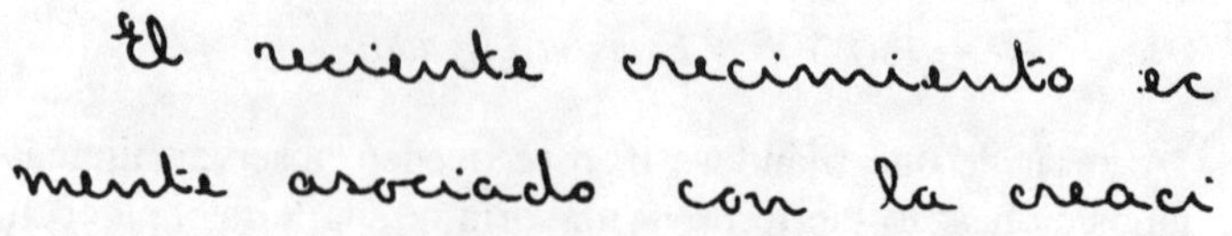

FIG. 107. *Escritura reenganchada.*

En cambio, en esta muestra lo que predomina con claridad son los «reenganches» entre letras, algunos muy claros. De ahí que la hayamos elegido como ilustración de este tipo de escrituras.

Escritura agrupada

Lo más normal es que se formen grupos de 2 ó 3 letras unidas entre sí. Es, sencillamente, un síntoma de buena capacidad para relacionarse, así como de ambivalencia en el uso tanto de la lógica como de la intuición. La mayoría de las escrituras son agrupadas, por lo que se trata de un rasgo de no muy acusada interpretación.

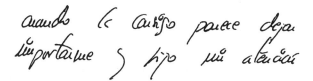

FIG. 108. *Escritura agrupada.*

Los grupos de dos o tres letras son la nota predominante en esta muestra en lo que a cohesión se refiere.

Escritura desligada

Esta es la que podríamos llamar «escritura de los intuitivos», sobre todo si es rápida. Una muestra de escritura se considera desligada cuando las letras aparecen en su mayoría separadas.

Aparte de la intuición, muy definida por este tipo de escritura, la desunión de las letras es también un signo de cierta reticiencia a las relaciones sociales, existiendo una tendencia al aislamiento por parte de los que así escriben.

La interpretación anterior cobra más fuerza aún si, aparte de estar desunidas, la distancia entre letras es relativamente grande, y más todavía si son todas las letras, minúsculas y mayúsculas las que no enlazan entre sí.

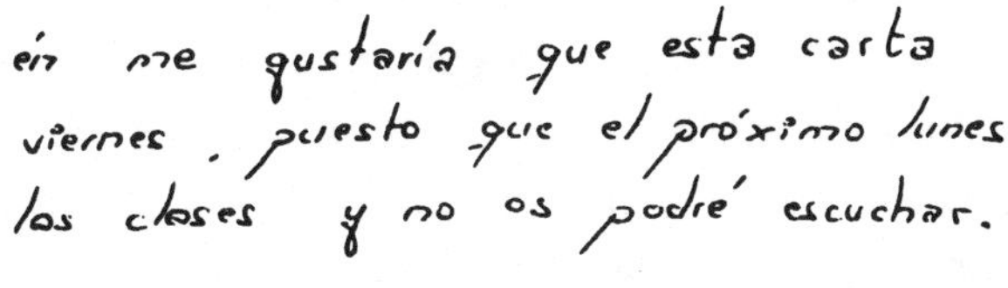

en me gustaría que esta carta
viernes , puesto que el próximo lunes
las clases y no os podré escuchar.

FIG. 109. *Escritura desligada.*

La totalidad de las letras aparecen separadas entre sí; incluso se pueden apreciar algunas que han sido hechas en dos veces, como son la «u» y la «n».

El caso más extremo es el que se plantea cuando las letras se hacen «a trozos» o, mejor dicho «a trazos», pero separados. Por ejemplo, para hacer una «o» se hace primero la parte de la izquierda y luego la de la derecha, y de esta forma todas las letras. Este tipo de escritura se llama «fraccionada» y es una señal inequívoca de que existe una increíble intuición, así como enorme sensibilidad. Puede ir asociada también a alteraciones nerviosas y considerable grado de ansiedad.

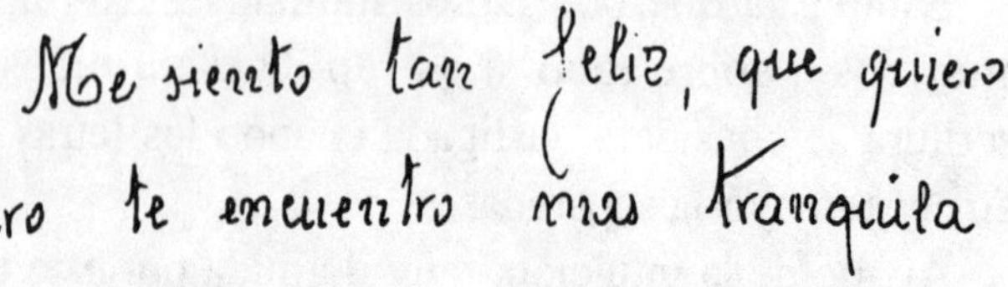

FIG. 110. *Escritura fraccionada.*

Muchas de estas letras han sido relaizadas en varios trazos, siendo esto particularmente claro en las «enes» y «emes».

A veces ocurre que una letra queda aislada en una palabra, estando distantes la anterior y posterior. Esto suele suceder de forma periódica a lo largo del escrito, siendo un rasgo peculiar de algunas escrituras. Se dice entonces que se producen «lapsos de cohesión», que son como «desconexiones» en el texto escrito. Responden a «lapsus», despistes, olvidos y/o breves periodos de «ausencia» que tendrán lugar con una frecuencia proporcional a auquella con la que aparezcan en el escrito.

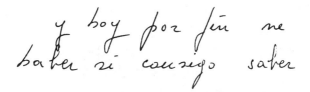

FIG. 111. *Lapsos de cohesión.*

Podemos apreciarlos con meridiana claridad en «oes» y «aes», las cuales quedan prácticamente aisladas de las letras que les rodean.

Óvalos y palotes

El óvalo es una magnífica representación grafológica del «yo». Una prueba evidente es que los niños lo

FIG. 112. *Dibujo de un niño donde predominan los círculos.*

A pesar de que existen otros motivos en el dibujo, el círculo es, desde luego, la figura más abundante en este dibujo.

primero que dibujan es —precisamente— un redondel, un círculo en el cual intentan simbolizarse ellos mismos o bien las personas cercanas. Lo cierto es que de forma primaria «redondel» equivale a «persona», tratándose generalmente de la «primera persona», es decir, del autor.

Al decir «óvalo» nos referimos a todo lo que de «círculo» hay en las letras; por ejemplo, en la «a», «d» «g» y «q», que constan de «óvalo» y «palote». Pues bien, si el óvalo es el «yo», el palote son «los demás», por lo que el grado de unión entre ellos es otro índice de la capacidad de socialización.

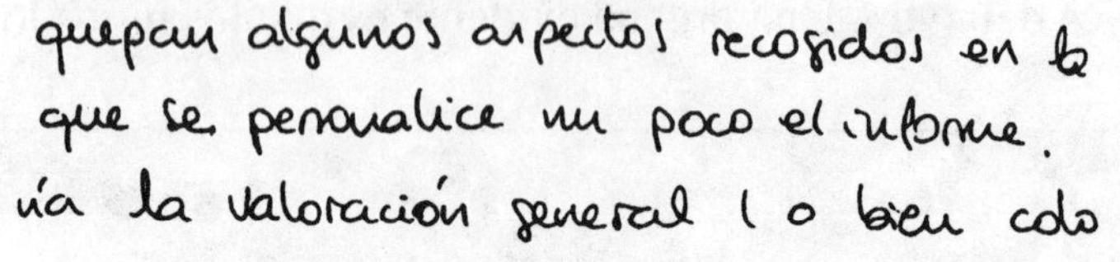

quepan algunos aspectos recogidos en la
que se personalice un poco el informe.
vía la valoración general (o bien colo

FIG. 113. *Óvalos unidos a los palotes.*

Tanto en «a» como en «g», «d» y «q» los palotes están unidos a los óvalos, siendo prolongación de los mismos, tendencia que también aparece en otras letras en las que los óvalos no son tan patentes, como pueden ser «b» y «p».

Así pues, es interesante, desde el punto de vista grafológico, analizar la cohesión entre óvalos y palotes, considerando incluso la distancia existente entre unos y otros (a mayor distancia, mayor alejamiento psicológico de los demás), así como la forma de las uniones en el caso de que esta sea la tendencia predominante.

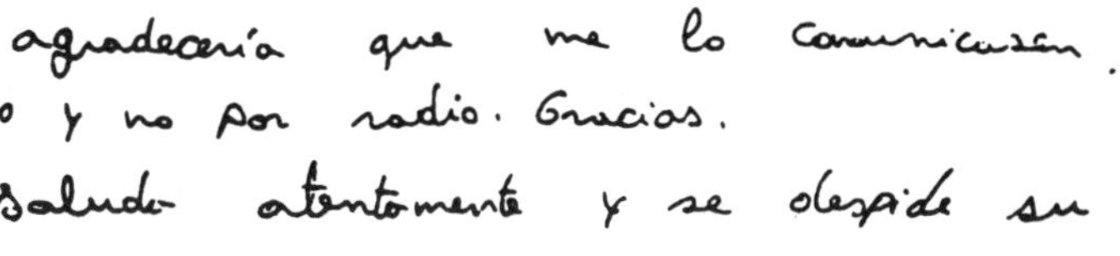

agradecería que me lo comunicasen. ...o y no por radio. Gracias. saludo atentamente y se despide su

FIG. 114. *Óvalos separados de los palotes.*

El más evidente es el de la penúltima «d», pero observando con detenimiento se llega a la conclusión de que la tendencia a la separación de óvalos y palotes es lo preponderante en esta escritura, aunque muchos de ellos se presenten yuxtapuestos.

Mayúsculas y minúsculas

Las mayúsculas también son una de las genuinas representaciones del «yo». ¡Caramba!, dirán ustedes, ¡pues resulta que casi todo simboliza el dichoso «yo» en Grafología! Hombre, tampoco se trata de eso, pero es cierto que, por una parte, toda la escritura en conjunto ya es un símbolo de quién escribe.

Después, hay una serie de elementos que también son representaciones claras del «yo», o del «ego», por llamarle de otra forma. Son, por ejemplo, las letras dentro de las palabras o las propias palabras consideradas como parte del texto, los óvalos, ya comentados y la firma, que veremos al final. Y, ¡cómo no!, las dichosas mayúsculas!

Ahora bien, si las mayúsculas son el «yo», entonces ¿qué papel simbólico jugarán las minúsculas que se escriben detrás de cada una de ellas? Pues, lógicamente, representarán al resto de las personas, empezando por las más allegadas.

Así pues, fijándonos en si existe o no unión entre mayúsculas y minúsculas, tendremos otro dato acerca de la facilidad para contactar con la gente por parte de la persona que escribe.

Lo que «no vale» es fijarse en letras cuya unión con la siguiente minúscula sea particularmente difícil, que son aquellas cuyo último rasgo termina en la zona superior, lo que hace prácticamente imposible su ligadura con la siguiente letra. Esto tiene lugar en letras tales como la «N», «P», «T», «V» y «W».

Pero a veces nos llevamos la sorpresa de ver cómo algunas de estas se unen de forma casi increíble a la minúscula que las sigue. En estos casos hablaremos de una «unión peculiar en la zona superior», que explicamos en el siguiente apartado.

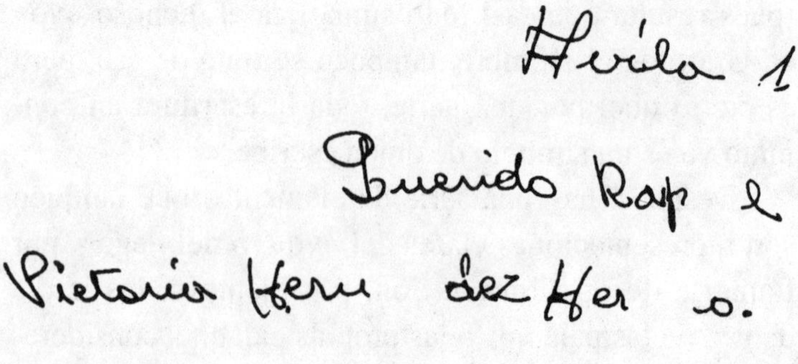

FIG. 115. *Mayúsculas separadas de las minúsculas.*

Salvo la «V», cuya separación sería lógica por finalizar en la zona superior, el resto de mayúsculas no se une a las minúsculas por las razones de tipo grafopsicológico apuntadas.

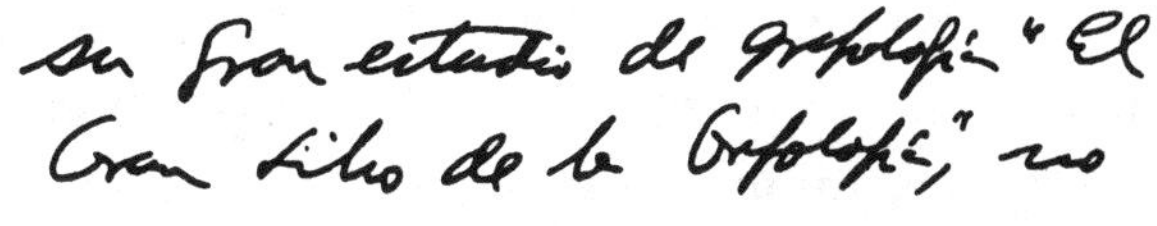

FIG. 116. *Mayúsculas unidas a las minúsculas.*

Sin embargo, en este caso todas las mayúsculas aparecen unidas, incluso algunas minúsculas con «vocación» de mayúscula, como la primera «g».

Uniones peculiares altas

No solo tienen lugar entre mayúscula y minúscula siguiente, sino que se trata de uniones que pueden aparecer entre trazos que normalmente no tendrían ninguna razón caligráfica para estar unidos y que, sin embargo, sí lo están, teniendo lugar la unión precisamente en la zona superior de la escritura.

Por ejemplo, la unión de los puntos de las «íes» o de las barras de las «tes» con las letras siguientes, o cualquier tipo de ligazón entre letras, repito, que no sea habitual y que tenga lugar en la parte superior de la escritura.

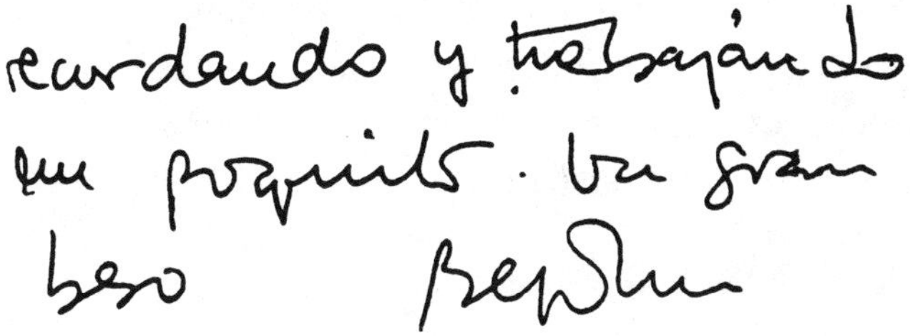

FIG. 117. *Uniones peculiares altas.*

No solo la barra de la «t», sino que la «r» y la «o» también realizan uniones peculiares en la zona superior. Destaca la de esta última letra en la firma, dando lugar a un enlace verdaderamente curioso.

Estas uniones son sintomáticas de elevada capacidad intelectual, así como de muy buena predisposición para las asociaciones lógicas, razonando estos sujetos de manera francamente fluida. Ambos aspectos se potencian si la escritura ya tiene de por sí un considerable nivel.

Escritura progresiva

Normalmente, a menos que se trate de personas de cultura árabe u oriental, se escribe de izquierda a derecha. Esto es, repito, lo normal en nuestra cultura, por lo que generalmente los rasgos de las letras también llevarán esa dirección o, mejor dicho, ese sentido. Pero también puede que no suceda exactamente así, y que existan trazos que —sin justificación caligráfica— se dirijan en sentido contrario.

Pues bien, se dice que una escritura es grafológicamente progresiva cuando apenas existen trazos que se dirijan de derecha a izquierda y, los que lo hacen, vienen obligados por las normas caligráficas.

Dicho así parece más complicado, pero, en resumen, se trata simplemente de que el trazado de las letras fluya con soltura desde la zona izquierda a la derecha, que es lo normal en nuestra forma de escribir, salvo algún rasgo aislado.

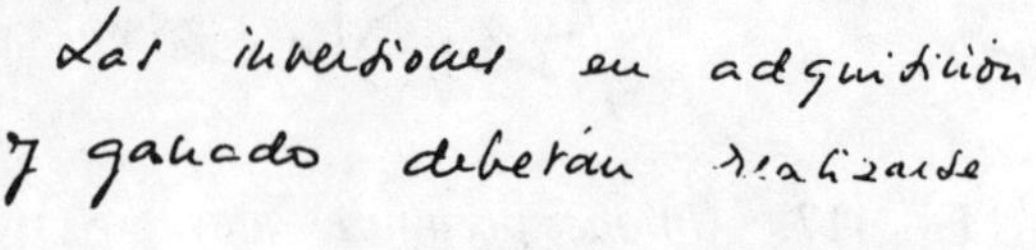

FIG. 118. *Escritura progresiva.*

Nada se opone al decidido avance sobre los renglones en esta escritura, catalogada por ello de «progresiva».

Una escritura progresiva pertenece siempre a personas con soltura, con dinamismo, que se desenvuelven de forma eficaz, a quienes no les gusta «dar marcha atrás», sino que siguen las trayectorias que se marcan de manera directa.

Escritura regresiva

Este tipo de escritura contiene un porcentaje considerable de rasgos que, de forma innecesaria, van de derecha a izquierda. Pueden encontrarse en cualquier letra, tanto del texto como de la firma, e incluso en la rúbrica.

Es normal que aparezcan algunos rasgos regresivos en las escrituras, pero para hablar con propiedad de «escritura regresiva», estos tienen que darse con considerable frecuencia o bien estar lo suficientemente desarrollados como para destacar notablemente en el conjunto de la escritura.

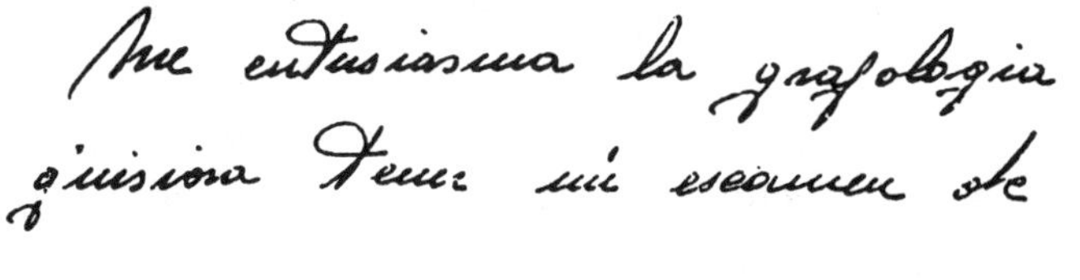

FIG. 119. *Escritura regresiva.*

Tanto en la zona superior (barras de las «t») como en la inferior (pies de «g», «f» y «q»), podemos observar rasgos que frenan el avance de esta escritura, al ir, innecesariamente, de derecha a izquierda.

La regresión de la escritura es propia de personas que tienen cierta propensión a «ir hacia atrás», ya sea en el tiempo como en otros aspectos.

Considerando el aspecto temporal, serán, por tanto, personas nostálgicas, a quienes gusta recrearse en el pasado y, muy probablemente, amarán las tradiciones. Tendrán adoración por la madre y por lo que les sucedió en la infancia, periodo que posiblemente idealizarán bastante.

En otro orden de cosas, por ejemplo a la hora de desenvolverse en el trabajo y/o en la vida cotidiana, les gustará repasar las cosas, volver sobre lo hecho para cerciorarse de que ha sido bien realizado. Hay, por lo tanto, una marcada tendencia a obsesionarse, quizá como resultado de una relativa inseguridad de fondo.

Resumiendo, las regresiones son como una especie de «frenos» en la escritura que reflejan los que las personas se ponen a sí mismas a lo largo de su vida y en no importa qué tipo de situaciones. Y ello suele suceder de forma que, en la mayoría de las ocasiones, el propio sujeto no es en absoluto consciente de lo que de verdad le está pasando, e incluso le costará admitirlo en el caso de que alguien se lo haga ver desde fuera. Atención, pues, si en su escritura hay este tipo de rasgos regresivos: deberá meditar sobre todo esto para evitar ponerse «autozancadillas». ¡Cómo si no hubiera bastante con las que nos ponen los demás!

CAPÍTULO XI

Los detalles también cuentan

Los gestos tipo

H AY RASGOS que llaman la atención en algunas escrituras: una barra de la «t» que «coge carrerilla» antes de proyectarse con fuerza hacia delante, una «y» que termina en una pequeña espiral, el final de una letra que se mete por debajo de la anteriores, una «l» que parece «retorcerse» sobre sí misma...

Son esos detalles que cada uno hacemos en nuestra letra habitual, y muchos de los cuales pueden pasar desapercibidos, aun teniendo todos su importancia y su significado grafológico. Es más, algunos pueden darnos auténticas claves sobre el carácter o la personalidad a pesar de su aparente intrascendencia.

En todas las escrituras existen este tipo de gestos en mayor o menor medida y de forma más o menos aparente, contribuyendo a personalizar la forma de escribir de cada cual y haciendo que cada escritura sea «personal e intransferible», como lo son también las huellas dactilares.

De los «gestos tipo» más importantes que pueden aparecer vamos a tratar en este capítulo, con sus correspondientes ejemplos e interpretaciones.

Gestos «explosivos»

Empezaremos por uno muy típico que aparece en no pocas escrituras, generalmente en las barras de las «tes», las cuales primero se dirigen hacia la izquierda para proyectarse luego a la derecha. Estos gestos se llaman «golpes de látigo» (si el movimiento es curvo) o «de sable» (si es anguloso).

Fig. 120. *Golpes de látigo.*

No solamente en las barras de las «t», sino también en otras letras como la «y» y la «g», aparece este tipo de gestos.

Es un gesto fuerte, rápido, ágil, que pone de manifiesto un carácter con estas cualidades, aparte de un genio vivo que implica explosiones y salidas de tono más o menos frecuentes.

También hay gestos explosivos en las «pes» cuyo palote destaca sobre el óvalo, en las «eses» que aumen-

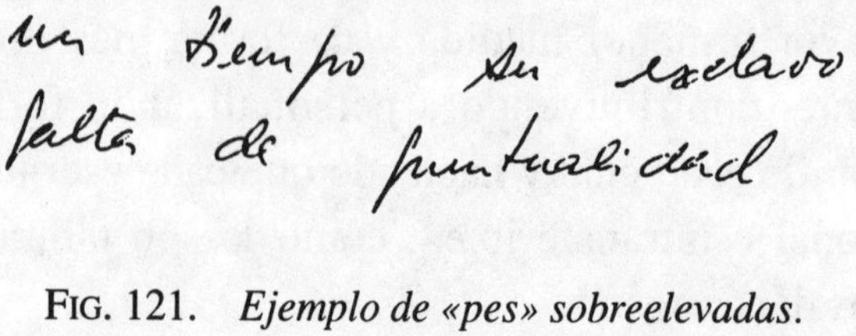

Fig. 121. *Ejemplo de «pes» sobreelevadas.*

La segunda de ellas presenta un curioso bucle en la zona superior. Podemos también apreciar un golpe de sable en la barra de la «t».

tan de tamaño, o en las «efes» que proyectan con fuerza su tilde central. Los cambios bruscos de dirección, especialmente en la rúbrica, también se consideran dentro de este apartado.

En general, estos gestos pueden aparecer en cualquier letra y, dentro de la escritura de cada persona, repitiéndose con asiduidad y siendo su interpretación más genérica la «explosividad» en el genio, como su propio nombre indica.

FIG. 122. *Cambios bruscos de dirección en la rúbrica.*

Enérgicos cambios direccionales en esta firma plena de carácter e indudable personalidad.

Gestos dominantes

Los realizan en su escritura quienes necesitan autoafirmarse, es decir, tomar confianza en sí mismos a base de imponer sus criterios a los demás.

Pueden ser de muy diversa índole, pero lo más común son los palotes de diversas letras o rúbrica dirigidos de arriba hacia abajo. La presión fuerte de estos rasgos indica un mayor deseo de imposición al existir aquí una mayor energía.

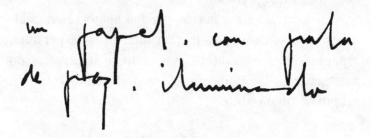

FIG. 123. *Gestos dominantes.*

Es realmente proverbial lo tajante de estos rasgos verticales que aparecen fundamentalmente en las «p» de esta escritura, si bien la «z» presenta también un curioso trazo en este mismo sentido.

En todos los casos simbolizan los deseos de auto-afirmación de los autores, que tienen como base una profunda inseguridad que se intenta por todos los medios ocultar a los ojos de los demás.

Gestos protectores

Pueden ser de protección hacia personas allegadas o bien de autodefensa. Los primeros suelen presentarse a modo de «tejados» que aparecen en una letra cubriendo a las que están próximas a ella. Es como «poner a cubierto» simbólicamente a quienes están próximos.

Los gestos autoprotectores establecen una barrera entre alguna parte de la escritura y la zona derecha del papel. Pueden ser rasgos que se prolongan al final de las letras de abajo hacia arriba o bien rasgos interpuestos en la zona derecha de la rúbrica, protegiendo la firma.

FIG. 124. *Gestos de protección hacia los demás.*

Curiosa especie de «tejado» que se sitúa sobre las últimas letras de la firma, sirviéndoles de cobijo psicológico.

FIG. 125. *Gestos de autodefensa.*

Como si de un brazo que se interponga ante una posible agresión, así surgen estos gestos defensivos en las «oes» de esta escritura.

Trazos iniciales largos

También pueden aparecer en no importa qué letra, la cual presenta un trazo en su comienzo inusualmente prolongado. También pueden aparecer en la rúbrica.

En cualquier caso, significan un apego hacia la zona izquierda que, como sabemos, simboliza el pasado, la nostalgia, los recuerdos, la figura materna, la familia de origen... En todo ello han de basarse estas personas para tomar fuerzas y seguir adelante, pero siempre sabiendo que es precisamente en el pasado donde tiene su particular «refugio psicológico».

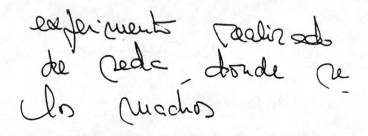

FIG. 126. *Trazos iniciales largos.*

Resultan llamativos los rasgos iniciales de las primeras letras, particularmente el de la «l».

Puntos negros iniciales

Es como si, antes de escribir el primer rasgo, se quisiera «calentar» el bolígrafo o la pluma, o incluso el rotulador o el lapicero, no importa el útil de que se trate sino el gesto en sí mismo.

Consiste este en un pequeño movimiento de oscilación —a veces casi imperceptible— alrededor del punto en que se posa el útil en el papel.

Se trata de una preparación psicológica del terreno antes de empezar a escribir. Es síntoma de que se organizan las cosas con antelación, se piensa antes de actuar. Hay reticencias ante la improvisación y los planes no se cambian fácilmente. Significa también propensión a las obsesiones.

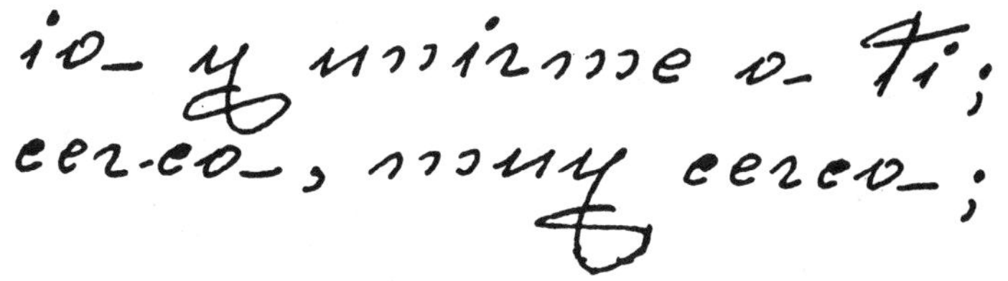

FIG. 127. *Puntos negros iniciales.*

Aparecen en las «c» de forma clarísima, pero también en los puntos, curiosamente redondos aunque de reducido tamaño, se hace amago de realizar este gesto.

Ganchos y arpones

Aparecen en cualquier letra o trazo, con frecuencia en la rúbrica y tanto al principio como al final; pueden adoptar la forma tanto de pequeñas puntas como de arpones, resultado ambos de cambiar bruscamente la dirección. También pueden ser curvos y de mayor o menor tamaño.

FIG. 128. *Ganchos.*

Aparecen tres en esta muestra, todos situados en la mayúscula inicial, concretamente en la zona inferior e izquierda.

Significan búsqueda de seguridad, sobre todo en cuestiones intelectuales, si están en la zona superior, o bien en temas prácticos, si se sitúan en la inferior. Los angulosos suponen un mayor coeficiente de firmeza en dicha búsqueda.

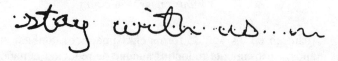

FIG. 129. *Arpones.*

En ambas barras de las «t» aparecen sendos arpones, pudiéndose apreciar el segundo de ellos con absoluta nitidez.

Gestos acaparadores

Son aquellos que denotan una tendencia a acaparar por parte de quien los utiliza. La acaparación puede ser tanto a nivel afectivo como puramente material, aunque, en el fondo, también esta última está relacionada con la búsqueda de afectos, al existir una profunda necesidad de los mismos en quienes se afanan por acumular bienes materiales.

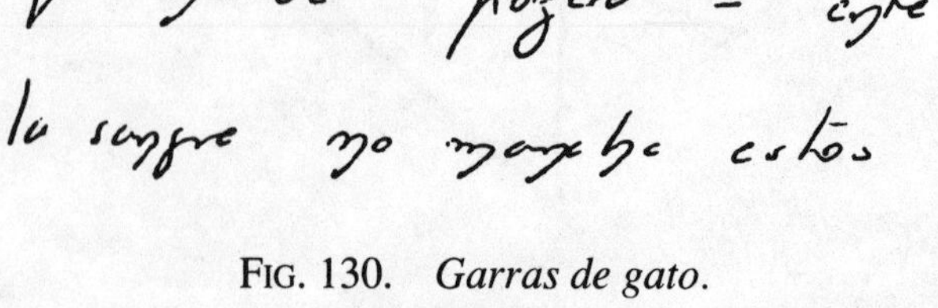

FIG. 130. *Garras de gato.*

Son notorias las que aparecen en esta muestra de escritura, terminando además en pequeños ganchos, que refuerzan su propia interpretación.

Las llamadas «garras de gato» son el gesto acaparador por excelencia, consistiendo en unas prolongaciones hacia abajo de determinadas letras, fundamentalmente «m», «n» y «h». En las «s» que se prolongan por debajo del teórico renglón también existe este gesto de acaparación.

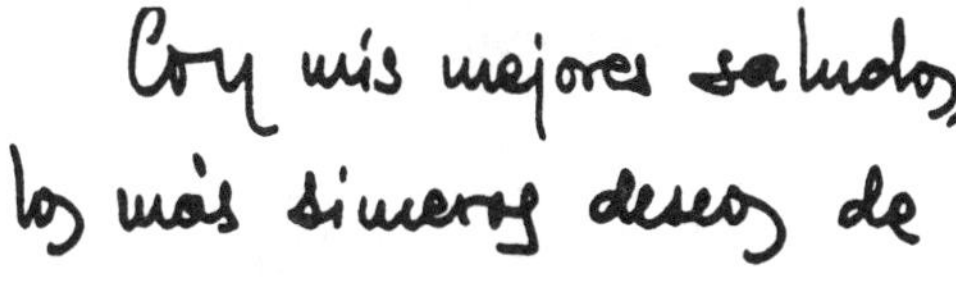

FIG. 131. *Gestos de acaparación en las «eses».*

Se aprecian con claridad en cuatro de ellas, particularmente en la última. Destaca asimismo la prolongación inferior de la «n», aunque este gesto es más de mitomanía que de acaparación.

También las «bolsas» son gestos gráficos de acaparación, entendiéndose por tales las curvas más o menos amplias que se cierran sobre sí mismas en la zona inferior. Suelen aparecer con mayor frecuencia en (ver la

FIG. 132. *Bolsas.*

En este caso se dan en la zona inferior e izquierda, destacando la primera por su profundidad y la segunda por su volumen.

rúbrica [1], aunque también pueden hacerlo en cualquier otra parte de la escritura.

Las bolsas significan sobre todo acaparación material, pudiendo ser entendidas como una especie de «colchón» de bienestar económico sobre el que se asienta la seguridad personal. Si están desplazadas hacia la zona de la izquierda, representan los deseos de ahorrar para asegurar el bienestar de la familia.

Gestos «duros»

Hemos englobado bajo esta denominación a aquellos gestos que suponen una fuerte angulosidad, ya sea en forma de puntas o bien formando triángulos.

Las puntas pueden aparecer en cualquier zona de la escritura y tomar cualquiera de las cuatro direcciones: abajo, arriba, izquierda o derecha.

Las puntas hacia abajo, a veces llamadas en Grafología «dientes de jabalí» (si aparecen en letras sin prolongaciones) o «rasgo del escorpión» si lo hacen al final de pies, denotan una agresividad secundaria, es decir, tendencia a «guardar rencillas» en lugar de expresar abiertamente las desavenencias.

Cuando las puntas aparecen en la zona superior podemos decir que la escritura «pincha» si la tocamos. Y eso es precisamente lo que les sucede a los que tienen este gesto en su escritura, que su personalidad es un tanto irritable y susceptible.

Las puntas a la izquierda, muchas veces dibujadas en las rúbricas, son una clara expresión de autolimita-

---

[1] Vése el apartado «Las puntas y las bolsas» en el capítulo XIV),

ciones, de frenos que la persona se pone a sí misma de forma inconsciente.

Por último, las puntas a la derecha expresan las tendencias agresivas hacia los demás, bien en forma de críticas o bien de acciones más o menos directas. Otro gesto de los que hemos llamado «duros» son los «triángulos», que consisten ni más ni menos que en esa figura geométrica, la cual aparece en cualquier parte de la escritura, ya sea letra o rúbrica, como resultado de un par de cambios de dirección en trazos rectos.

Los triángulos expresan dureza, rigidez, incluso dogmatismo, así como predominio de la razón frente al sentimiento.

FIG. 133. *Triángulos.*

El más notorio es el de la «y», pero también los hay en la «g», «I» e incluso «t», este último combinado en un curioso gesto de látigo.

A

B

B

FIG. 134 (A, B y C).   *Puntas.*

Resultan particularmente afiladas las de la zona izquierda del primer ejemplo, en el que también se esboza una en la zona superior. En la muestra «B» hay una marcada punta a la derecha, mientras en la «C» existen tres muy claras en la zona superior y otra en la inferior, así como en la izquierda, como resultado de la rúbrica.

Gestos blandos

Englobamos bajo esta denominación a aquellos en los que la curva es elemento sustancial, como son los bucles, los lazos y las espirales.

Llamamos «bucles» a pequeñas curvas que vuelven sobre sí mismas y que pueden aparecer en cualquier parte de la escritura, siendo muy típicas de la zona superior. Implican coquetería no exenta de imaginación, y son más propios de letras femeninas, aunque también pueden aparecer —y de hecho así es— en las de varones.

Si son muy inflados, son un rasgo de imaginación exuberante, y, en el caso de que sean muy frecuentes dan a la escritura la denominación de «buclada».

FIG. 135. *Bucles.*

Muy claros en sendas «J», aunque la zona superior de la «S» también podría considerarse inflada en un considerable bucle.

Si dos bucles se unen entre sí, dan lugar a un «lazo», de interpretación semejante a la anterior, añadiéndose la capacidad de convicción como característica peculiar. Como es sabido, la espiral, geométricamente, es una curva que se cierra sobre sí misma. Estas figuras geométricas, si bien con menos perfección, pueden aparecer en cualquier parte del escrito, siendo muy proclives a poseerlas los óvalos y las rúbricas.

FIG. 136. *Lazos.*

En esta rúbrica existen dos, el superior, más grande por encima de la firma, y luego otro inferior, de proporciones más reducidas.

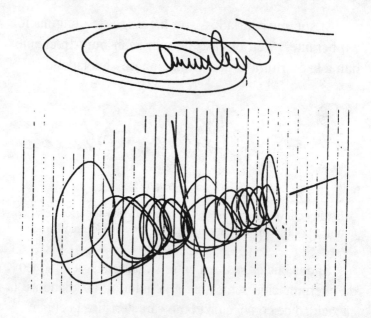

FIG. 137 (A y B). *Espirales.*

Resulta particularmente curiosa la de la muestra «B» por lo reiterado de los trazos tanto a un lado como a otro del palote vertical central.

Al tratarse de un círculo que se cierra sobre sí mismo, su interpretación —dado que el círculo es sinónimo de «yo»— ha de ser profundamente egocéntrica. Es más, al existir un recreo sobre sí mismo, el gesto tiene marcadas y profundas raíces narcisistas.

Gestos mitómanos

Se entiende por «mitomanía» la costumbre de mezclar situaciones reales con otras inventadas, de forma que los relatos de los mitómanos gozan de notable espectacularidad.

Cuando en una escritura existen rasgos finales de letras que pasan por debajo de las siguientes, sin ningún motivo caligráfico que lo justifique, no cabe duda de que estamos ante una persona con este tipo de manía.

FIG. 138. *Rasgo de mitomanía.*

El rasgo final de la «M» pasa de forma clara por debajo de las letras siguientes, delatando así las tendencias mitómanas de quién escribió la muestra.

Torsiones

Son curvaturas que aparecen en rasgos teóricamente rectos. Es algo así como si la letra «se retorciera» sobre sí misma dándole un aspecto muchas veces un tanto torturado.

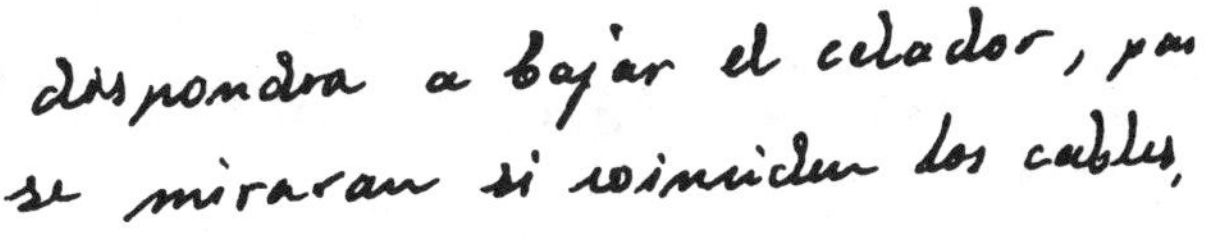

FIG. 139. *Escritura con torsiones.*

Presentes con meridiana claridad en las «des», «bes» y «eles» de esta escritura.

¿Cuál puede ser la causa grafológica profunda de que esto suceda? Pues, generalmente, existe una problemática en el individuo que genera como síntomas, ansiedad, preocupaciones y, en general, un cierto sentimiento trágico de la vida. Asimismo, pueden reflejar algunos problemas físicos, ya que también estos tienen su expresión en la escritura.

Finales «en maza»

Cuando el final de un trazo aparece con un grosor superior al del principio, la causa inmediata es que el útil se presiona más en el último tramo, levantándose después de forma brusca.

Los trazos que aparecen debido a esta forma de finalizarlos se llaman «mazas», siendo síntomas inequívocos de agresividad contenida.

Son las típicas personas que se aguantan la agresividad aunque se sientan mal, y luego acaban explotando, a veces de manera extemporánea.

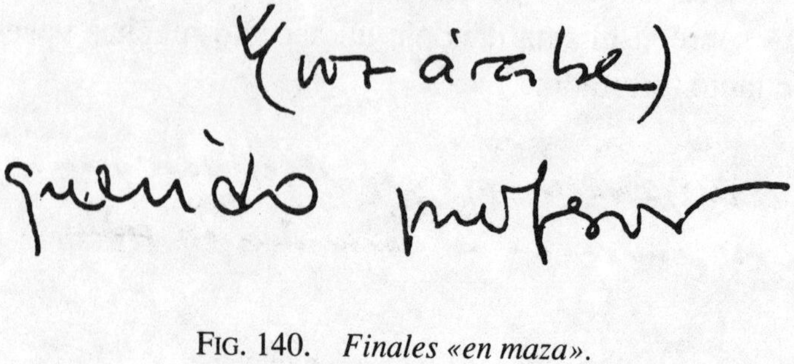

FIG. 140.   *Finales «en maza».*

Rotundos finales de trazo en «e» y «r», sobre todo el de esta última letra que se proyecta con energía hacia la derecha.

Finales puntiagudos

Si, por el contrario, el útil de escritura, al terminar de hacer el último trazo, se eleva «despegando» paulatinamente (como si de un avión se tratara), el final aparecerá en forma de aguja, dando lugar a la denominación de «puntiagudos».

FIG. 141. *Finales «en aguja» o puntiagudos.*

Prácticamente todos los finales de palabra terminan en un trazo cada vez más fino. El de la última «r», además, es muy proyectado, pudiendo apreciarse mejor aún la terminación en aguja.

Indica que la agresividad se va proyectando hacia el ambiente de manera más dosificada. También que hay una notable facilidad para la realización de juicios críticos, más o menos constructivos, pero siempre de una gran agudeza.

Finales contenidos

Lo normal en la escritura es que los trazos finales de las letras no se prolonguen excesivamente. Si, además, tienden a retraerse, hablaremos de «finales contenidos», los cuales son síntoma de que la persona ejerce sobre sí un considerable autocontrol. O sea, que se trata de alguien que no pierde los nervios con facilidad.

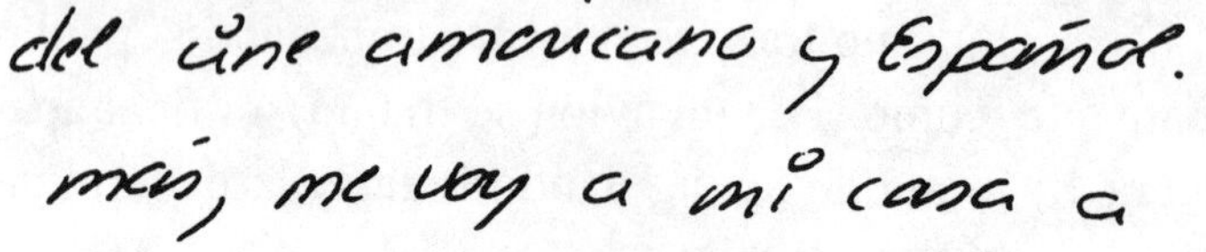

FIG. 142. *Finales contenidos.*

Existe en esta muestra una retracción de las letras finales que limita sus terminaciones, destacando las letras «l», «e» y «a» como más notorias en este aspecto.

Finales proyectados

Como su propio nombre indica son, los que se prolongan mucho más de lo que sería lógico. Al contrario que los anteriores, nos hablan de que se pierde el control con cierta facilidad, propiciándose los «estallidos» de genio. Son más frecuentes al final de línea o, más aún, de firma y rúbrica.

FIG. 143. *Finales proyectados.*

Como los de estas tres «oes» que prolongan extraordinariamente su final en un curioso rasgo horizontal.

CAPÍTULO XII

Las letras más «grafológicas»

Las «letras clave»

Todas las letras tienen su interés grafológico, pues hay que tener en cuenta que cada una de ellas, considerada por separado, ya es en sí misma una auténtica representación simbólica de su autor. Sin embargo, es más lógico considerarlas en su conjunto y tomar como expresión personal al texto en su totalidad. Pero también es cierto que existen una serie de letras interesantes porque su morfología permite un abanico de interpretaciones inmediatas con una fiabilidad considerable. Incluso a veces nos interesa alguna parte en concreto de estas letras, como es el caso de los puntos de las «íes» y las barras de las «tes».

Hemos escogido las que creemos más significativas del alfabeto desde el punto de vista grafológico, tanto mayúsculas como minúsculas y en ellas nos vamos a centrar en este capítulo.

Las hemos llamado «letras clave» y no son otras que la «C», la «g», la «i», la «M», la «r», la «s» y la «t».

La «C»

«Cariño» se escribe con «C», a veces con mayúscula y otras con minúscula, según las circunstancias, y ustedes ya me entienden. No sé si será por eso, por ser la inicial de palabra tan importante, pero el caso es que a esta letra se la considera un exponente de los afectos. Especialmente a la mayúscula, ya que es en ella donde se pueden dar más variaciones.

La clave de todo está en la mayor o menor apertura de esta letra. Si comienza con una rasgo inicial largo para luego formar un bucle, sería una «C» cerrada. Se supone que es un rasgo de reserva de los afectos y de protección de los mismos.

Si, por el contrario, la «C» se cierra menos sobre sí misma como ocurre, por ejemplo, con la tipográfica o de imprenta, se le considera «abierta», siendo un síntoma gráfico de facilidad para ofrecer y recibir cariño.

Fig. 144.   *Apertura gradual de la «C».*

De la absolutamente cerrada en la primera de la izquierda, hasta la absolutamente abierta como la última de la derecha.

Es también interesante fijarse en la unión de esta mayúscula con la letra siguiente, teniendo en cuenta que es más fácil unirla que no (ver capítulo X, «La cohesión»).

Puede ocurrir que esta letra presente un bucle en la zona inferior, lo cual sería síntoma de materialismo, así como de coquetería.

FIG. 145. *«C» con bucle en la zona inferior.*

Lo cual, al juntarse prácticamente con la zona superior, le da un aspecto de cerrada, lo mismo que ocurre con la «G».

La «g»

Estamos en el auténtico «punto g» de la Grafología, ya que esta es la letra de la sexualidad, aunque realmente este tema sea tan delicado y personal que su análisis mediante la escritura comporta no pocos riesgos.

De hecho, ya resulta difícil su evaluación por otros sistemas, pero no cabe duda de que también aquí el análisis de su escritura nos puede dar interesantes datos.

Para enfocar el tema básicamente, vamos a plantearnos la siguiente cuestión de fondo: ¿cómo sería la «g» de quien tiene una sexualidad prácticamente «perfecta»? Pues teóricamente debería ser también perfecta, es decir, una «g» absolutamente caligráfica o, al menos, cercana al modelo de caligrafía con el que la persona haya aprendido a escribir. Los significados simbólicos de cada parte de esta letra son los siguientes.

El óvalo se considera representante del «ego sexual», o sea, de cómo se considera la persona a sí misma en este tema, valorándose el tamaño, la presión, armonía, etc.

De este óvalo surge el palote vertical, que se dirige hacia la zona inferior de la escritura, la de los instintos. Cuanto más y más decididamente baje, mayor será su interés y facilidad para entrar en el mundo instintivo.

La zona inferior, normalmente curva, expresa el grado de realización sexual, así como de satisfacción a niveles inconscientes.

La amplitud del bucle de la «g» nos habla del grado de fantasía erótica, así como del mayor o menor apego a los placeres de tipo sensual, o sea, todos aquellos en los que intervienen los sentidos: comida, bebida, visualización de imágenes agradables, música, ambientes confortables, etc.

El ascenso del rasgo indica la facilidad para sentir vinculación hacia una pareja, valorándose sobre todo si se une o no con la letra siguiente.

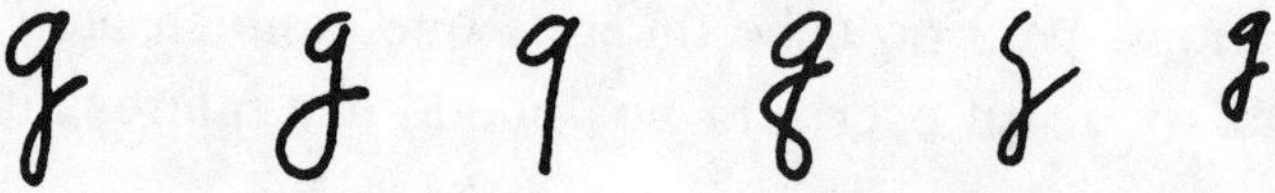

FIG. 146.   *Diferentes modalidades de «g».*

La 1.ª es normal, la 2.ª de pie amplio, la 3.ª presenta un pie seco, la 4.ª en forma de ocho, la 5.ª tiene el óvalo casi sin hacer, la 6.ª es de pie corto y la 7.ª y última de pie largo.

Si el ascenso es en forma de «8», indica ciertas reticencias en estos aspectos, como una especie de «coqueteo erótico».

Pies «secos», o sea, con un simple palote vertical, son propios, pues, de «espíritus espartanos», frente a la sensualidad que suponen los pies ampulosos y redondeados.

Y esto no solo es válido para la «g», sino para todas las letras que tienen «pies en bucle», como la «f», la «j», la «y» y la «z» caligráfica.

El hecho de que existan diferentes modalidades de «ges» o de pies en una misma escritura indicaría que la persona tiene variaciones en su relación con el mundo instintivo, adoleciendo de falta de estabilidad en este aspecto.

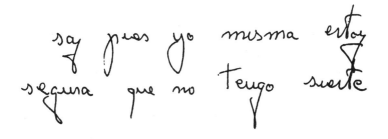

FIG. 147. *«g» variable en la misma escritura.*

Las más características son en forma de «8», destacando también los pies amplios de las «y» y hasta de la «p» que contrastan con la sencillez espartana de la «q».

De todas formas, estos son planteamientos teóricos que ni pueden ni deben tomarse «al pie de la letra» («g» en este caso), pues siempre conviene tener en cuenta la totalidad de la escritura para sacar conclusiones, y más en un tema tan delicado y complejo como es la sexualidad. Por lo tanto, mi consejo es que no se preocupe si descubre en sus «ges» algún rasgo que le parezca extraño, porque es muy fácil que lo interprete de forma al menos algo distorsionada. En esos casos es mejor consultar a un grafólogo experto o hacer un curso de Grafología, pero, por favor, nada de preocupaciones ni con este ni con ningún otro rasgo de sus escrituras.

El punto de la «i»

Vamos ahora a «poner los puntos sobre la íes», pero grafológicamente hablando, claro. El punto no deja de ser otro símbolo del «yo», puesto que al fin y al cabo se trata en el fondo de un círculo, eso sí, un tanto «venido a menos». Sin embargo, a veces se convierte en un auténtico círculo, como en el caso del punto redondo.

Pero vayamos por partes: lo primero, la altura, es decir la distancia del punto a la parte superior de la letra, la cual simboliza bien idealismo (si es mayor de lo normal), bien apego a la realidad (si fuera menor). Esto es así puesto que nos movemos en la franja vertical del esquema simbólico de las cinco zonas, básico para muchas de las interpretaciones no solo grafológicas, sino también de otros tests proyectivos.

La situación del punto respecto a la letra —a derecha o izquierda— hay que considerarla siguiendo la prolongación hacia arriba del palote, es decir, teniendo en cuenta la inclinación de este. Es otro síntoma más de inhibición (izquierda) o capacidad de iniciativa (derecha), ya que simbólicamente nos desplazamos del «yo» hacia los demás en la franja horizontal del citado esquema.

Tras la ubicación, se hace necesario tener en cuenta la forma, la cual puede ser verdaderamente muy diversa. Hablaremos aquí de las más comunes.

Por ejemplo, el punto de la «i» en forma de acento representa un pequeño gesto de obstinación, de relativa poca importancia a menos que sea muy largo y presionado. Si es en forma de «ave», o sea, formando un pequeño ángulo con la punta hacia abajo, significa rebeldía y genio vivo. Muy parecida es la interpretación cuando el punto de la «i» es una pequeña línea ascendente o acento hacia arriba.

Cuando se hace como una rayita horizontal, lo es de impaciencia, que será tanto más acuciante cuanto más largo y veloz sea el trazo.

Puntos muy poco presionados indican timidez, así como decisión y energía si son fuertes en cuanto a presión sobre el papel.

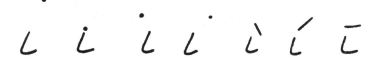

FIG. 148. *Ejemplos de distintos puntos de la «i».*

El 1.º y el 2.º son alto y bajo, respectivamente; el 3.º y 4.º a la izquierda y derecha.; el 5.º y 6.º descendente y ascendente; el 8.º es en forma de raya horizontal, y el 9.º redondo.

Y para terminar, dar respuesta a una de las más frecuentes preguntas que pueden hacerse a un grafólogo: ¿Qué significa el «famoso» punto de la «i» redondo? Pues la verdad es que hay un sinfín de interpretaciones, no en vano es también uno de los aspectos más investigados en Grafología.

Quizá la primera interpretación sea la de cierta tendencia a las pérdidas de tiempo, puesto que se hace un círculo para escribir un simple punto. También es un rasgo de narcisismo, ya que el círculo es «puro ego», y en este caso aparece donde teóricamente no era necesaria su presencia. También simboliza deseos de cambio, de huida de lo cotidiano: el punto redondo puede ser así considerado como una especie de «globo aerostático», que quiere de alguna forma escapar de la rutina, sobre todo si es elevado.

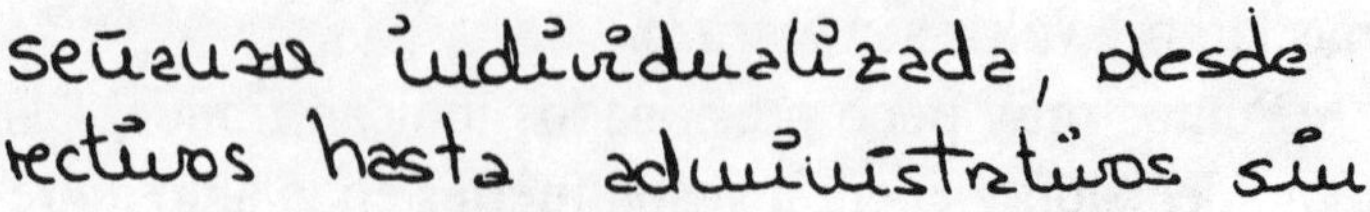

señauza individualizada, desde rectivos hasta administrativos sin

FIG. 149.   *Puntos de la «i» redondos.*

Muestra de escritura perteneciente a una mujer joven que sistemáticamente utiliza este tipo de puntos en sus «íes».

¿Puede haber aún más interpretaciones del punto redondo? Pues sí, las hay. Por ejemplo, puede ser un simple juego de juventud, propio de chavales que lo ven hacer a sus compañeros en el colegio y lo imitan. Pero en ocasiones puede convertirse en un rasgo de carácter neurótico, sucediendo esto sobre todo en letras de adultos más o menos artificiosas.

Señalar, por último, que el hecho de hacer los puntos de las «íes» de diferente forma es un rasgo de variabilidad de carácter, mientras el ponerlos sistemáticamente lo es de meticulosidad.

Cuando algunos puntos de las «íes» se dejan de poner por olvido, no cabe duda del carácter algo descuidado y olvidadizo del autor. Normalmente tiene lugar esta circunstancia en escrituras no demasiado ordenadas de por sí.

¿Y el hecho de no poner sistemáticamente puntos en ninguna «i»? Pues depende del tipo de letra, pero normalmente se trata de personas que buscan la originalidad, quizá teñida de cierta rebeldía ante las normas.

Los acentos presentan unas interpretaciones grafológicas muy semejantes a las de los puntos de las «íes», considerándose al igual que en estos tanto su colocación como su forma, presión, etc. Sin embargo, el hecho de no ponerlos, a diferencia de los puntos, puede ser también síntoma de desconocimiento de las normas ortográficas, cosa cada vez más frecuente.

La «M»

Esta letra mide fundamentalmente la importancia que nos concedemos a nosotros mismos en relación a los demás. Así, el primer palote o «monte» simboliza el «yo», mientras el segundo es un representación simbólica de «los demás», siendo la mayor o menor altura de cada uno de ellos lo que nos da la pauta de la autoconsideración respecto a los otros.

Si el primer monte fuera mucho más alto que el segundo, sería una «M» característica del orgullo, mientras que si el mayor es el segundo puede haber defecto de la autoestima y, por tanto, tendencia a sobrevalorar a los demás.

FIG. 150.   *Diferentes modalidades de «M».*

La 1.ª con el primer monte mayor, justo lo contrario que la segunda, mientras la 3.ª y 4.ª tienen la unión entre montes alta y baja, respectivamente; por último, la 5.ª presenta tres montes de altura ligeramente decreciente.

¿Y en el caso de que existieran tres montes? Pues la interpretación sería semejante, salvo que el segundo representa aquí a las personas del círculo más íntimo, es decir, la familia y los amigos más cercanos.

Otro aspecto a considerar es la altura a la cual se unen los dos montes mediante un trazo generalmente horizontal y curvo. Pues bien, la ubicación de dicha unión nos mide el grado de idealismo frente al de realismo.

FIG. 151 (A-B).   *Ejemplos de distintas alturas relativas en montes de «M».*

Ambas presentan una unión baja, apreciándose en la segunda un rasgo vertical doble que refuerza la autoafirmación que la mayor altura del primer monte supone. La primera es un buen ejemplo de rasgo de mitomanía (ver capítulo XI, «Gestos tipo»), pues el final de la «M» pasa por debajo de la letra siguiente.

La «o»

Es uno de los símbolos grafológicos del «yo» por excelencia, al tratarse de un círculo. Lo más «positivo» (por decirlo de alguna forma), sería una «o» redondeada y cerrada por la zona superior derecha o ligeramente abierta por esa zona.

En cambio, si la «o» es angulosa, presentando puntas arriba o abajo, indica tensiones internas y rigidez; si es cerrada por la izquierda, expresa algo más de introversión, sobre todo si se cierra por debajo de la propia letra. El colmo de la «cerrazón personal» se da cuando la «o» se hace doble: es como una especie de coraza grafológica que la persona pone ante sí.

Cuando se hace un pequeño bucle interior, simboliza una parcela personal que se protege especialmente. Es muy frecuente, tanto en las «oes» como en las «aes», en las que tiene el mismo significado.

FIG. 152. *Ejemplos de óvalos.*

El 1.º abierto por la zona superior derecha y con un pequeño bucle, el 2.º anguloso, el 3.º doble, el cuarto abierto por arriba y el 5.º con bucle interior.

En general, los óvalos de la escritura se pueden interpretar de forma muy semejante a las «oes», ya que se trata de círculos. Recordemos que las letras que presentan óvalos son: «a», «d», «g» y «q».

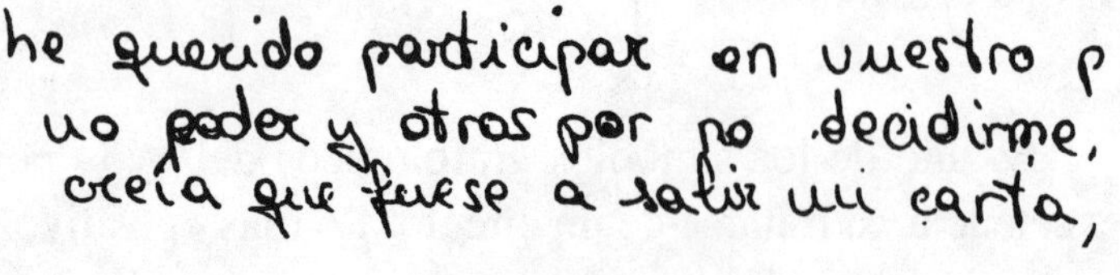

FIG. 153. *Óvalos dobles.*

Apreciables no solo en «oes», sino en otras letras que los presentan, tales como «d», «a» y «q».

La «r»

Si es caligráfica, ha de presentar dos ángulos en la zona superior, simbolizando el primero la capacidad de iniciativa y el segundo la de realización. Cuando no aparecen como ángulos sino como curvas, es decir, si su forma se redondea, quiere decir que existe un menor potencial en estas cualidades.

En el caso de que toda la letra sea redondeada en su parte superior, existirá un defecto de resistencia en general, mientras que si se presentan pequeños bucles en lugar de los teóricos ángulos, hay que interpretar narcisismo, coquetería, así como facilidad para relacionarse.

Si la letra se hace tipográfica, o sea, en forma de «ave», expresa dinamismo, ya que esta es la forma más ágil y rápida de escribirla. Y, por último, cuando esta letra presenta un bucle abajo, no cabe duda de que hay capacidad de seducción, que puede teñirse de materialismo o incluso acaparación si dicho bucle se prolongase de forma notable por debajo del teórico renglón.

FIG. 154. *Ejemplos de «r».*

La 1.ª con dos ángulos, la 2.ª solo con el segundo, mientras en la 3.ª destaca el 1.°; en la 4.ª los ángulos desaparecen; la 5.ª es un ejemplo de «r» en forma de «ave», y la 6.ª lo mismo, pero con la base curva.

La «s»

También hay que considerar que sea caligráfica o tipográfica. La primera debe presentar, al menos teóricamente, un ángulo arriba, siendo curvo el resto. Si ese ángulo se transforma en curva, sería una expresión de debilidad, bien de carácter, bien de energía en general. Y si aparecen ángulos en las zonas curvas, es un claro síntoma de dureza que puede llegar a intransigencia, sobre todo en grafismos muy presionados.

FIG. 155. *Diferentes modalidades de «s».*

La 1.ª es normal y caligráfica; la 2.ª curva, frente a la 3.ª angulosa, mientras la 4.ª se mete por debajo del renglón. La 5.ª y 6.ª son tipográficas, curva la primera y angulosa la segunda.

Si el final de la letra se vuelve una especie de «pala excavadora», o sea, que se mete en el renglón hacia abajo con un rasgo más o menos amplio, indicaría egoísmo y apego por los bienes materiales, que se pretenden acumular (ver figura 131).

Por último, la «s» tipográfica, que normalmente presenta sendas curvaturas, susceptibles de convertirse en ángulos. Si así sucede, la interpretación es semejante a la dada para la caligráfica. Esta letra es muy susceptible de aumentar bruscamente de tamaño, poniendo de manifiesto el genio vivo de sus autores, como ya explicamos en el capítulo anterior dedicado a los «gestos tipo».

A

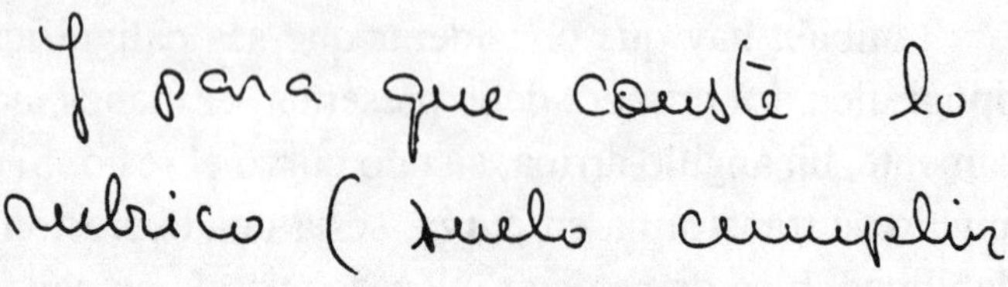

B

C

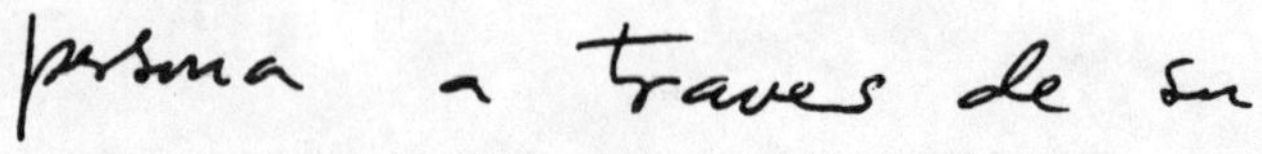

FIG. 156 (A, B y C). *Ejemplos de «erres» y «eses».*

En el primer ejemplo, junto a «erres» curvas aparecen «eses» angulosas, todas ellas caligráficas; en el segundo, escoltadas por sendas «eses» curvas, aparecen una «r» y una «s» angulosas, mientras en el tercero se mezclan «erres» en forma de ave con «eses» de diferente tipo, la primera caligráfica y curva y las otras dos tipográficas.

La barra de la «t»

Es la parte más importante de esta letra, que siempre hay que tener en cuenta en un análisis grafológico por lo concretas y claras que resultan sus interpretaciones. La altura de la barra de la «t» responde a los deseos de dominio, de imposición, frente a las posturas más sumisas o subordinadas. Así, barras altas implican «mando» y bajas «obediencia».

La longitud está en consonancia con la «intro» frente a la extraversión, lo mismo que la situación respecto al palote vertical. Cuanto más hacia la izquierda, mayor comedimiento y retracción, y mucho más decisión y apertura al ambiente cuanto más se sitúe la barra en la zona de la derecha.

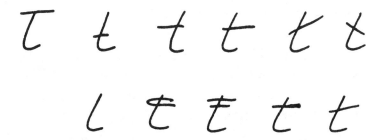

FIG. 157. *Diferentes modalidades de barras de «tes».*

Las dos primeras son alta y baja, respectivamente; las siguientes a la izquierda y derecha, ascendente y descendente, y en el otro renglón, la 1.ª «t» no presenta barra, mientras la 2.ª y 3.ª la tienen doble, terminanado con dos ejemplos de final en maza y aguja, respectivamente.

También es importante la presión, la cual está en relación directa con la energía personal y la capacidad de superación. Esta última puede verse también en las barras ascendentes, que —por otro lado— indican rebeldía ante las normas y afán de discusión oposicionista. Las barras descendentes son, por el contrario, como una especie de «visera» psicológica que nos ponemos para centrarnos en nuestras ideas y defendernos así de las ajenas, corriéndose el riesgo de caer en la obstinación.

El hecho de no poner barras a las «tes» es síntoma inequívoco de desidia, de falta de energía e interés por las cosas. En cambio, el ponerlas dobles expresa deseos de control, espíritu «machacón», afán de conseguir las metas propuestas sea como sea.

Es importante ver cómo es el trazo final de las barras, si «en maza» o «en aguja». El primero es síntoma de agresividad contenida, y el segundo de espíritu crítico y capacidad de observación, como ya explicamos al final del capítulo anterior.

Ni que decir tiene que las barras de las «tes» variables, lo mismo que los puntos de las «íes» o las mismas letras «r» y «s», son síntomas claros de variabilidad en el carácter, mientras que la constancia en estas letras y rasgos lo es de orden en general y homogeneidad en la forma de comportarse.

A

iba y no tuve suerte, ya tenga esa suerte.

B

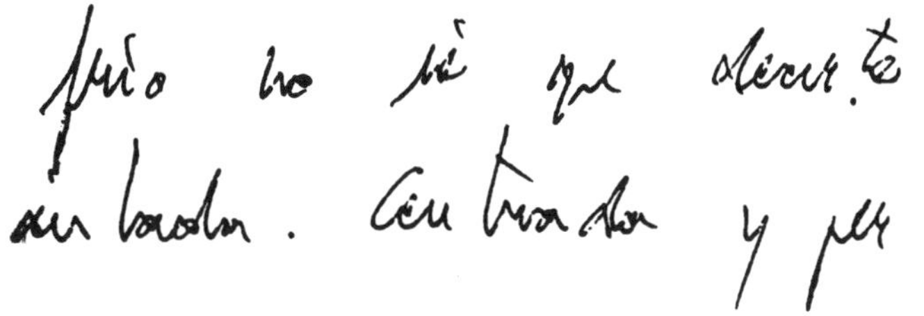

C

FIG. 158 (A, B y C). *Ejemplos de barras de «tes».*

En la primera muestra son curiosísimas las barras ascendentes y proyectadas a la derecha, con final en aguja, mientras en la segunda se presentan como descedentes, al igual que los acentos y puntos de las «íes»; por último, la tercera muestra es un interesante ejemplo de barras de la «t» dobles.

CAPÍTULO XIII
¿Cómo somos «de verdad»?
La firma

M UCHAS VECES he tenido que responder a la siguiente pregunta: ¿Qué prefiere usted para analizar, la escritura o la firma? Y siempre he respondido que lo mejor es disponer de todo, de textos y de firmas, pero si tuviera que escoger entre unos y otras, me quedaría sin duda con la firmas.

¿Por qué? Pues porque es precisamente la firma la muestra grafológica más idónea, al expresarse en ella las raíces más profundas de la personalidad.

Así, mientras el texto es más una expresión del «yo manifestado» hacia el exterior, la firma lo es del «yo» más íntimo y, por tanto, más auténtico.

Pero ¿cuándo y por qué se empezaron a utilizar firmas?, ¿cómo se va haciendo la firma de una persona y cómo evoluciona a lo largo de su vida?, ¿cuántas firmas tenemos?, ¿se pueden falsificar firmas?

El tema de la firma es quizá uno de los más apasionantes dentro de la Grafología, y da lugar a estas y otras muchas preguntas. Vamos a intentar responderlas.

¿Cómo se «inventó» la firma?

El «invento» de la firma se pierde en los anales de la historia de la escritura, porque ya los hombres primitivos ponían su huella personal en sus expresiones plásticas. Primero esculturas en barro, piedra, hueso o marfil; después pinturas, primero en piedra y luego en pieles, cortezas vegetales, arcilla, tablillas de cera, papiros, etc.

Al generalizarse la escritura como tal en el mundo civilizado, los autores de cada escrito ponían su nombre al final. Si no sabían escribir, pero eran de la nobleza, hacían «firmas automáticas» consistentes en láminas metálicas taladradas con las letras de su nombre y algunos dibujos o señales representativos de su origen o linaje.

Para «firmar» colocaban estas planchas sobre el papel o pergamino y pasaban una pequeña brocha con tinta por encima. Este invento se atribuye a los godos.

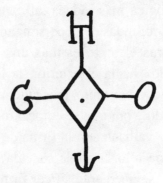

Fig. 159.   *Firma «automática» de Hugo, rey de Italia (año 930).*

Las cuatro letras de su nombre en las prolongaciones de los vértices de un rombo servían para autentificar los escritos de este rey italiano.

Actualmente se firma de muchas formas, pero básicamente se trata también de poner una marca, un sello personal a una carta o un escrito, y lo más normal sigue siendo escribir el nombre y los apellidos. Ha variado mucho la forma, pero el fondo permanece.

Llegar a «tener una firma»

Los niños, al empezar a escribir, aprenden a poner su nombre. Es su primera firma. Luego irán cambiándola a la vez que la escritura.

Al principio aparece un tipo de firma que podríamos llamar de «chavalines», con la que se firman los primeros trabajos y exámenes del colegio. Esta se va convirtiendo poco a poco en la de adolescentes que, aparte de exámenes, servirá para firmar los primeros documentos y las primeras cartas de amor. Aunque esta romántica costumbre se haya sustituido en gran parte por el teléfono.

Y, por último, la de adulto, con la que se firman las primeras letras, los papeles del coche, los de la boda, las nóminas, las notas de los niños, las tarjetas de crédito, etc. Aquí ya podemos decir que la persona «tiene firma», que equivale a decir que ha alcanzado un cierto grado de madurez en su personalidad, la cual se expresa, entre otras cosas, en su firma.

Para conseguir esto, o sea, la elaboración de «su firma», la persona ha ido haciendo cambios paulatinos. Así, se han ido añadiendo rasgos que nos han ido gustando porque se los vimos a un familiar, un amigo, un personaje admirado que nos dio su autógrafo, etc. Y se han ido quitando otros, que «no nos gustaban», que ya «no nos servían», o sea, que no estaban de acuerdo con nuestra personalidad en ese momento. Es así como se va modelando una firma.

Y esto sucede normalmente a lo largo de toda la vida. Siempre se van haciendo modificaciones. Lo mismo pasa con la forma de ser, que siempre varía, aunque sea poco, aunque no nos demos demasiada cuenta de ello.

Mediante la Grafología se puede ver la evolución personal de un sujeto analizando las variaciones de su firma a lo largo de su vida, así como saber su estado general en cada momento.

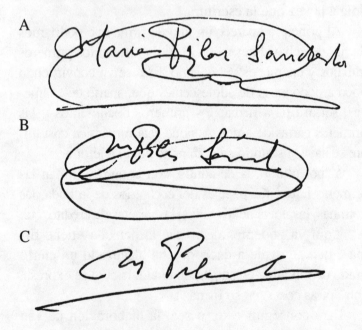

FIG. 160 (A, B y C). *Evolución de la firma.*

La firma A corresponde al fin de la adolescencia, la B es 10 años posterior y la C corresponde a una etapa de madurez. Las letras de la firma se han ido simplificando hasta la práctica desaparición del apellido, que se convierte en un trazo filiforme.

Las firmas que tenemos

La cosa se complica porque normalmente no tenemos una sola firma, tenemos varias, como mínimo dos, la «oficial» para documentos, bancos y cartas «serias», y la «de amigos», que normalmente se utiliza para ellos y la familia. O incluso tres, porque puede haber también un «visé» que se hace en el trabajo para fichar o supervisar documentos. A veces incluso hay una «firma resumida» que no es exactamente el visé, sobre todo cuando se tiene que firmar muchas veces a lo largo del día.

A

B

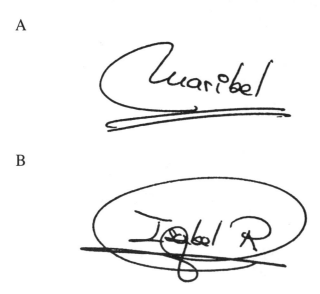

FIG. 161 (A y B). *Tipos de firmas de una misma persona.*

La primera es «la de los amigos», y la segunda, «la seria», utilizada en el trabajo y en los documentos. Pese a su aparente diferencia, obsérvese que en ambas aparece el nombre, aunque en la de amigos este sea, lógicamente, más coloquial.

¿Y cuál de todas las firmas de una persona es «la mejor», la que expresa más su personalidad? Pues es cierto que en todas se va a reflejar de una u otra forma. Pero sobre todo la oficial y la de los amigos son las más representativas, aunque los «visés» también pueden ofrecer aspectos que no aparecen en las otras y que pueden ser interesantes.

¿Qué significan nombre y apellidos?

El nombre es de las primeras palabras que nos aprendemos. ¿Cómo te llamas? es la pregunta que más se hace a los niños. Está claro que el nombre es lo primero, lo básico, lo infantil, lo familiar. Cuando se tiene confianza con alguien o se quiere dar esa sensación, se le llama por su nombre.

A

B

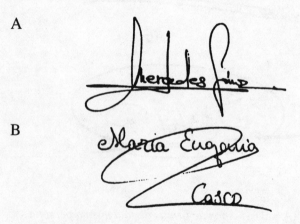

Fig. 162 (A y B).　*Firmas en las que el nombre destaca sobre los apellidos.*

En la primera por el mayor tamaño de sus letras, y en la segunda por estar en un plano superior.

Simboliza también las primeras etapas de la vida; si han sido felices, se destaca, si no, se minusvalora en relación al resto de la firma.

El nombre puede ser asimismo símbolo de éxito social. Con el «Don» delante para jefes y/o ejecutivos: «Don Luis, Doña Marta, D. Jaime, D. Alberto». Y sin nada para artistas y/o personajes famosos: «Antonio», «Raphael», «Enrique y Ana». El primer apellido es lo paterno, ya que del padre lo heredamos. Es también el «yo social», la imagen adulta. Se pasa de ser «Luisito» a «Luis» y luego a «Sr. Martínez». Curiosamente, suelen destacar el primer apellido en las firmas aquellas personas que consideran que se han hecho a sí mismos.

FIG. 163. *Firma en que prevalece el primer apellido*

Al ser símbolo de la figura paterna en abstracto, refleja también todo lo relacionado con la autoridad en general, ya sea personal (padres, profesores, etc.), ya social (policía, autoridades, entidades, organismos, etc.).

Las señoras que lo utilizan como apellido «de casadas» reflejan en él la imagen que ellas tienen de su propio marido.

Por el contrario, el segundo apellido es típicamente femenino, es «el de la madre», aunque muchas veces no se utiliza. Precisamente por ello, si aparece destacado en la firma o se pone prácticamente siempre, significará que se concede importancia a la figura materna.

María López Bellán

FIG. 164. *Firma con predominio del segundo apellido.*

También es el tamaño, tanto de minúsculas como de mayúsculas, lo que hace que el segundo apellido destaque sobre el resto.

No digamos ya en los casos en que el primer apellido se suprime o se sustituye por la inicial y se utiliza el segundo. Entonces esa preferencia por lo materno es evidente, salvo que el primer apellido sea muy común, como «García» o «Rodríguez»; en estos casos el hecho de no utilizarlo o usar solo la inicial tiene justificación y no cabe la interpretación anterior.

Ahora bien, ¿de qué formas se pueden resaltar o minusvalorar el nombre o los apellidos en una firma?

Hay diversas maneras de hacer resaltar bien el nombre o los apellidos: haciendo mayores las letras mayúsculas y/o minúsculas, haciéndolas más legibles, apretando más el bolígrafo, escribiendo la parte que se destaque por encima del resto de la firma, etc.

También se puede valorar menos una parte de la firma, por ejemplo, escribiendo más pequeño, menos legible, usando solo la inicial, tachando con la rúbrica, etc.

Es muy importante ver a qué parte de la firma se le da más importancia y, sabiendo el significado de cada una, deducir la conclusión correspondiente. No olvidemos que en su firma se esconde y resume toda la vida de una persona.

¿Donde firmar?

La firma equivale al «yo» en relación con el texto, que serían «los demás». Por lo tanto, la situación relativa de ambos expresa la distancia a que el sujeto se siente del entorno social: si se firma lejos del texto, es que se quiere uno apartar de la sociedad, y si se firma cerca, todo lo contrario.

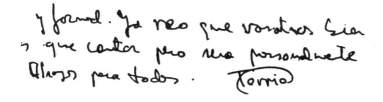

FIG. 165. *Firma próxima al texto.*

A la altura del último renglón (el de la despedida) y prácticamente «pegada» al penúltimo, esta firma es un buen ejemplo de proximidad con el texto.

También es importante la zona del papel en que se firma. El significado hay que buscarlo en los de la zona izquierda y derecha del papel, respectivamente. Así, podemos decir de manera general que los tímidos suelen firmar a la izquierda y los «lanzados» a la derecha o, por lo menos, este es un rasgo que refuerza esas tendencias; la firma situada en el centro del papel implica equilibrio en este sentido.

Y todo ello pensando que existe el suficiente espacio para firmar, por lo que no son válidas para estas interpretaciones las firmas realizadas en un determinado lugar del texto por necesidades de protocolo u otro tipo de normas (contratos, impresos, etc.).

Firmas legibles o ilegibles

Una firma legible siempre es síntoma de claridad, tanto de ideas como de intenciones. O sea, que es un rasgo grafológicamente positivo siempre que se haga espontáneamente: si se hace de forma obligada (como sucede en ciertos cuerpos de seguridad o empresas), ya no cabe esa interpretación, claro está.

Pero si la firma es de letras claras y legibles (figs. 163 y 164, por ejemplo), y ello sucede habitualmente y de una forma natural, no cabe duda de que a esa persona le gustan también los planteamientos claros y concretos.

¿Quiere decir eso que los que hacen firmas ilegibles prefieren los líos y las cosas complicadas? No, por cierto. Una firma ilegible puede responder a muchas razones.

Por ejemplo, si se trata de una firma de trabajo, puede ser que la persona no quiera mostrar su auténtica personalidad en el ambiente laboral. O bien que tenga algunas reticiencias ante el hecho de tener que aceptar normas u órdenes de superiores.

Pero normalmente estas personas tienen una firma muy distinta cuando escriben notas o postales a los amigos o familiares.

Si también ese tipo de firmas «de amigos» son ilegibles, la interpretación puede ser muy diversa: desde la simple y llana timidez hasta el esnobismo, en caso de firmas tipo «anagrama». Es posible también que haya unas ciertas dificultades de identificación consigo mismo. Si la firma es ilegible y muy sencilla, desde luego existe un marcado deseo de simplificar las cosas e ir «al grano», incluso con relativa impaciencia, sobre todo si la firma es de trazos rápidos.

Como conclusión, a mayor legibilidad de la firma, mayor claridad de la persona, pero hay que estudiar cada caso en particular, porque las generalizaciones son muy peligrosas en lo que a este particular se refiere.

FIG. 166. *Firma ilegible.*

En este caso los trazos se han hecho filiformes (ver capítulo 5) debido a su rapidez y proyección a la derecha.

La dirección de la firma

Otro aspecto muy importante a la hora de analizar grafológicamente una firma es observar hacia dónde se dirige: hacia arriba, hacia abajo o en la dirección horizontal. También, aunque mucho menos frecuente, es posible que la firma sea trazada en vertical.

El ascenso de las letras de la firma es propio de personas optimistas, con expectativas, que desean mejorar, que se preocupan por ir consiguiendo sus metas y superándose a sí mismas.

Si el ascenso es exagerado, la persona expresa inconscientemente en la firma sus deseos de cambiar de ambiente. Es como si la firma se pusiese en una rampa

de lanzamiento para escapar a otro mundo, para huir a
otra situación. Existe inconformismo, que puede llegar a
extremos, en el sentido de desear siempre cosas mejores
y no valorar suficientemente aquello que se consigue.

La horizontalidad de la firma implica una adapta-
ción a lo establecido, a los ambientes reales. Se soportan
las presiones, se sobrellevan las dificultades, el «peso»
de los problemas se aguanta con firmeza. Como ejem-
plos valgan las de las figuras 162-A y 164.

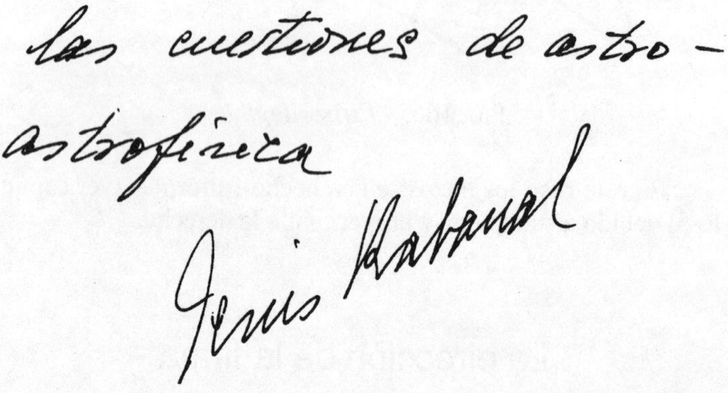

FIG. 167.   *Firma muy ascendente.*

En este caso se alcanzan los 25 grados sobre la dirección
de los renglones, lo cual ya es un considerable ascenso (ver
capítulo 6).

No ocurre lo mismo si la firma es descendente,
síntoma inequívoco de desánimo, de propensión a
«venirse abajo» a las primeras de cambio. Puede ser
debido a fatiga temporal o a enfermedades que van
minando la energía, así como a problemas que aumen-
tan la ansiedad y las preocupaciones.

FIG. 168. *Firma muy descendente.*

Aquí el descenso está alrededor de los 20 grados, medido sobre las dos palabras que forman el último renglón.

Siempre es curioso cuando se observa una firma en que prevalece la dirección vertical, pues no es lo más corriente. En estos casos, hay que hablar de inseguridad de fondo, pues la firma se convierte en un dibujo con muy poca base, lo que hace que estas personas sean propensas a derrumbarse ante las presiones. Si los trazos verticales son presionados, existirá un alto componente de autoafirmación, quizá para compensar esa falta de seguridad que caracteriza a estas personas.

FIG. 169. *Firma vertical.*

Levantada sobre una escasa plataforma e inclinada a la izquierda, se hace cuando menos dudosa la estabilidad de esta firma.

Al igual que veíamos en el capítulo 6 dedicado a la dirección de las líneas, pueden existir firmas cóncavas, convexas, de dirección irregular, sinuosas y con ascensos o descensos finales. Las interpretaciones son idénticas a las explicadas en dicho capítulo, solo que referidas en este caso a los aspectos más íntimos y profundos de la personalidad, que son precisamente los que detectamos en la firma.

Las mayúsculas de la firma

Son una de las más claras expresiones de cómo nos consideramos a nosotros mismos; es decir, que las mayúsculas de la firma están representando el «yo», pero no el que puede aparecer de cara a la galería, sino otro mucho más auténtico y real.

El tamaño de estas mayúsculas de la firma es fundamental, pues mide la importancia que nos concedemos respecto a los otros, representados en las minúsculas que siguen.

Los adornos o la sencillez de estas mayúsculas son muy significativas para ver si existe vanidad o coquetería o, por el contrario, la naturalidad es lo básico en esa persona.

Ejemplo de firma de mayúsculas grandes y adornadas lo tenemos en la figura 162-A, todo lo contrario que en la 163, cuyas mayúsculas son pequeñas y sencillas.

La unión o separación de las mayúsculas de la firma con las minúsculas siguientes es otro rasgo importante que nos indica si las relaciones con las personas se hacen con naturalidad o bien existen ciertas reticiencias. No hay que considerar los casos en que las mayúsculas terminan en la zona superior, tal y como explicamos en el capítulo 10.

Un caso especial lo constituyen aquellas firmas que se escriben en su totalidad con letras mayúsculas. Son síntoma de energía, ambición, capacidad para ver las cosas desde un punto de vista general y habilidad para no dejar al descubiertos fallos ni debilidades, ofreciendo siempre una magnífica imagen.

FIG. 170. *Firma en mayúsculas.*

Firmar igual o distinto de como se escribe

Como hemos venido diciendo, la firma es el «yo» profundo, mientras el texto es el «yo» manifestado. Las letras de la firma «dicen» cómo somos y nos sentimos en realidad. Las del texto cómo queremos ser y, sobre todo, cómo queremos que los demás nos vean.

Se trata de lo «que es» frente a lo que «parece ser». ¿Qué las letras del texto son iguales que las de la firma? En ese caso habrá coincidencia de imágenes, ajuste de ambas facetas de la personalidad. ¿Que no? Es decir, ¿que existen diferencias entre texto y firma? Pues entonces habrá distorsiones. ¿Cuáles? Bueno, aquí es muy difícil generalizar, puesto que —como veremos a continuación— hay una serie de aspectos a tener en cuenta, por lo que hay que analizar cada caso en particular.

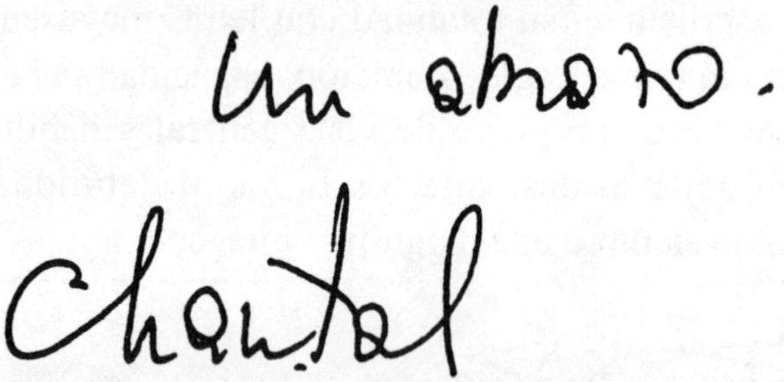

FIG. 171. *Firma igual que el texto.*

A pesar de que solo reproducimos el último renglón, es suficiente para darse cuenta de que las letras de la firma son exactamente iguales, tanto en tamaño como en forma, inclinación, etc.

Las diferencias más importantes son de tamaño, inclinación, presión y dirección. De este último aspecto ya hemos hablado, así que a continuación lo haremos de los otros.

Com sabemos, la presión expresa la fuerza del «yo», la energía interna de la persona y la seguridad que en sí misma tiene. Por lo tanto, la firma más presionada que el texto indica existen en realidad muchos más recursos personales de los que, en principio, pueda parecer. En cambio, una firma de trazos más débiles que los del texto es sintomático de inseguridades que se quieren disimular.

En cuanto a la inclinación, lo más importante se centra —por supuesto— en la parte afectiva. Así, si la firma es más inclinada que el texto, se quieren controlar los afectos en sociedad (que son los casos más normales).

Por el contrario, si la firma es vertical o invertida y el texto inclinado, se aparenta un talante afectuoso que no corresponde a los sentimientos más íntimos, mucho más controlados.

Es muy normal que las letras de la firma sean mayores que las del texto, porque el autoconcepto íntimo está muchas veces por encima de lo que mostramos al exterior.

Si la firma está hecha con letras más pequeñas, es que hay un sentimiento de inferioridad que no se quiere dejar traslucir fuera.

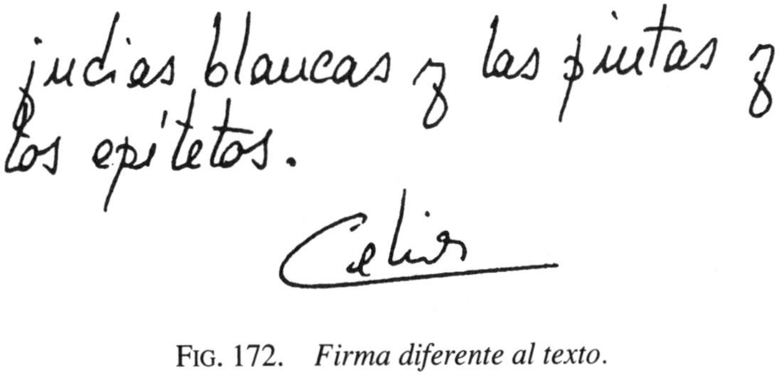

Fig. 172. *Firma diferente al texto.*

El menor tamaño, así como la diferente forma (texto caligráfico, firma personal), distinta presión (menor en la firma) e incluso diferente dirección (firma ligeramente ascendente frente a texto horizontal), hacen que este texto parezca escrito por una persona diferente a quien firmó. Sin embargo, la forma de la «e» y la situación de los puntos de las «íes» pueden servir para comprobar que se trata de la misma persona.

En general, y resumiendo, coincidencia de letras de firma y texto: ajuste de imagen exterior e imagen íntima. Texto y firma diferentes: desajustes, o sea, «doble imagen».

Firmas extrañas

Para terminar este capítulo, queremos hacer mención a aquellas firmas que, por salirse de los patrones habituales, suelen llamar la atención. Las hemos llamado «extrañas», en el sentido de salirse de las normas habituales.

Es muy difícil dar aquí una interpretación general, pues dentro de lo que se puede considerar «raro» puede haber muchísimos tipos de firmas y cada una de ellas necesita ser estudiada aparte y analizada en profundidad para sacar conclusiones válidas.

Sí podemos decir, no obstante, que las personas que firman de manera un tanto extraña, suelen presentar perfiles de personalidad distintos de los habituales, sin que esto pueda ser considerado ni mejor ni peor, sino simplemente diferente.

Quizá las más extrañas de todas sean las realizadas «en clave», a base de signos poco menos que cabalísticos, constituyendo a veces auténticos rompecabezas. Corresponden a personas desconfiadas y amantes de los misterios, los cuales tratan de introducir en su propia firma, para desesperación de quienes intentan desentrañarlos.

Una de estas firmas curiosas son las realizadas simplemente con las iniciales de nombre y apellidos. Se trata de firmas un tanto crípticas, normalmente realizadas por personas que, de alguna manera, no quieren dar a conocer lo más profundo de su personalidad. También significa que existe un notable espíritu de síntesis y, en ocasiones, facilidad para las artes plásticas si, con dichas iniciales, se llegase a construir una especie de «logotipo» a modo de «sello personal».

FIG. 173. *Firma «en clave».*

Realmente difícil de descifrar resulta esta firma, donde letras y números rodean a la «A» con círculo, contribuyendo las líneas transversales a hacer más complicado el galimatías.

FIG. 174 (A y B). *Firma con iniciales.*

La primera de ella es catalogable como normal dentro de este grupo, pero la segunda es estilo «logotipo», al incluir esos pequeños círculos entre las iniciales.

Hay firmas que son auténticas «fortalezas», podríamos llamarlas «firmas cerradas», como son también las personalidades de quienes las poseen.

A veces se encuentran firmas que simbolizan objetos, en ocasiones dibujados «ex profeso», pero otras surgidos de manera espontánea del inconsciente del autor. La interpretación más idónea es la identificación con lo que ese objeto representa, tanto más profunda cuanto el «dibujo» haya sido realizado sin proponérselo.

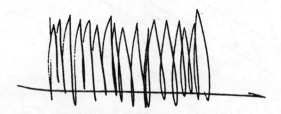

Fig. 175.   *Firma «en empalizada».*

Y además erizada de puntas en la zona superior, lo que confiere una mayor dureza e irritabilidad a la ya de por sí dura y cerrada personalidad del autor.

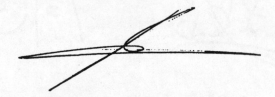

Fig. 176.   *Firma en forma de tijera.*

Realizada por un peluquero de vocación, al ser preguntado respondió que nunca se había fijado en que su firma representaba en el fondo la herramienta básica de su intrumental de trabajo.

En otras ocasiones, la firma se transforma en una representación de la propia persona, pero tan real que aparecen rasgos realizados a propósito. No deja de ser una nota narcisista, pues se quiere evidenciar el «yo», pero también puede tener connotaciones artísticas, al haberse aplicado una especie de diseño gráfico a la propia firma.

FIG. 177. *Firma «en efigie».*

Convertida más que en una cara en una máscara, no cabe duda de que su autor, aparte las interpretaciones dadas en el texto, debe ser amante de las representaciones teatrales.

El colmo de los deseos de hacer ostensible el «yo» en la firma es añadir a esta una caricatura del autor. Aparte del evidente narcisismo, no cabe duda de que hay facilidad para las artes plásticas, sobre todo si el efecto conseguido es satisfactorio.

FIG. 178. *Firma con caricatura.*

Se trata de la del cantante y actor Javier Gurruchaga, que incorpora a sus firmas una graciosísima autocaricatura.

CAPÍTULO XIV

La «envoltura» de la firma

La rúbrica

C OMO HEMOS visto en el capítulo anterior, la firma es el yo auténtico, el verdadero, la personalidad profunda, nosotros tal y como somos en realidad. Pero, teniendo en cuenta la fragilidad de nuestra naturaleza, ¿no íbamos a hacer nada por protegernos psicológicamente de todo el entorno social que nos rodea, con las presiones que esto implica? Pues naturalmente que sí. Y ya desde el punto de vista grafológico, ¿no es normal que estas barreras y protecciones tengan su expresión en la escritura? La respuesta también es afirmativa.

Pues bien, todas estas defensas psicológicas tienen su expresión máxima precisamente en la rúbrica, que se convierte así en algo que sirve bien de envoltura, de escudo, de barrera, o bien de base sobre la que apoyarse, de plataforma, incluso de «colchón», etc. Y esta es la razón por la que surge este «invento» de la rúbrica.

La rúbrica es una magnífica herramienta grafológica, puesto que se trata de un auténtico «dibujo libre». En efecto, para escribir hay una serie de normas, de reglas, de modelos caligráficos, pero para rubricar no existe nada de eso. La libertad es casi absoluta, pues se trata de hacer unos trazos que acompañen a la firma y nada más. Cada uno puede hacer lo que mejor le parezca, lo que es fantástico desde el punto de vista grafológico, ya que, aparte de la libertad, se hace además al final de todo el escrito, cuando el inconsciente está más «a flor de piel». Por tanto, ¡hay que ver qué cantidad de datos de primera mano nos proporciona la rúbrica!

Lástima que algunas culturas, como casi todo el mundo anglosajón, la hayan suprimido de sus firmas. Nos han privado a los grafólogos de un elemento fenomenal para rematar y completar el análisis de la escritura.

¿Cómo surgió la rúbrica?

La rúbrica proviene de la simplificación de las palabras «scripsit, firmavit, recognovit» («escrito, firmado, reconocido») que se escribían con tinta roja después de cada escrito para ratificar su validez. Poco a poco estas tres palabras se fueron estilizando hasta convertirse en una línea roja que luego fue tomando distintas formas. Y así fué como «inventamos» la rúbrica.

¿Dónde rubricar?

La distancia que hay entre la firma y la rúbrica es un aspecto más del terreno psicológico que queremos poner entre nosotros y los demás. Si separamos la barrera de la rúbrica del territorio personal de la firma, es que queremos establecer distancia entre nuestra intimidad personal y el ambiente social que nos rodea.

Si la rúbrica se mete en el terreno de la firma y pasa por encima de toda ella o de una parte, es que hay aspectos con los que la propia persona que firma no está de acuerdo y hay un deseo de mejorarlos, sobre todo si los conoce y los tiene asumidos como tales.

FIG. 179. *Rúbrica invadiendo la firma.*

A modo de látigo que la fustiga, esta rúbrica invade claramente el espacio ocupado por las letras de la firma.

Hay veces que la rúbrica se separa de la firma desplazándose en parte hacia la izquierda, derecha, arriba o abajo. Es importante valorar esto como tendencia última hacia los aspectos que cada zona significa: introversión-pasado, extraversión-futuro, idealismo o realismo.

FIG. 180. *Rúbrica desplazada en la vertical.*

Surgiendo de la zona inferior, esta rúbrica a modo de «visé» se desplaza primero arriba y luego abajo en sendos bucles, manifestando así un carácter creativo e idealista, por una parte, y realista y práctico, por otra.

También hay que valorar la distancia entre el texto y la rúbrica. Si se hace lejos del texto, es querer alejarse de la sociedad, al menos en el fondo.

Si la rúbrica se acerca al texto, se trata de un rasgo más de proximidad a los otros, pero si se hace en exceso y, sobre todo, si se llega a invadir el texto con la rúbrica, esto ya es síntoma inequívoco de tendencia a meterse en terreno ajeno.

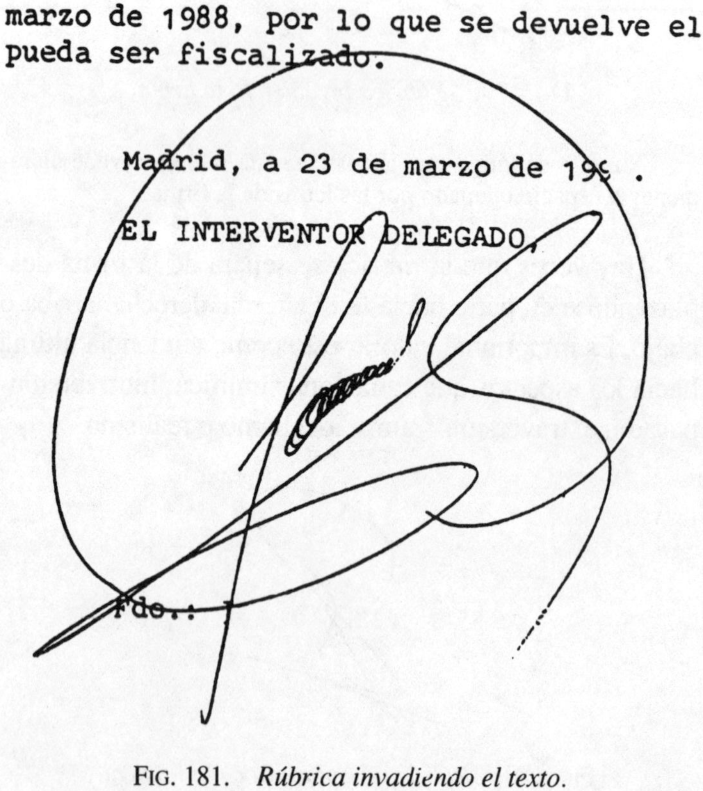

marzo de 1988, por lo que se devuelve el
pueda ser fiscalizado.

Madrid, a 23 de marzo de 19%.

EL INTERVENTOR DELEGADO,

Fdo.:

FIG. 181. *Rúbrica invadiendo el texto.*

Texto, fecha y antefirma han sido invadidos por esta ampulosa rúbrica, envolvente en su parte exterior y casi perfectamente circular.

Rúbricas por adelantado

Hay muchas personas que hacen la rúbrica, o al menos algunos trazos de la misma, antes de empezar a escribir las letras de la firma.

Podíamos decir que se trata de los «organizados», o de los que, como mínimo, tienen esa intención. También es un rasgo de previsión: se hacen preparativos antes de cualquier actividad.

FIG. 182. *Rúbrica «por adelantado»*.

El primer rasgo que aparece a la izquierda, formando una bolsa en esa zona, sirve de base al resto de la firma, adelantándose a la realización de esta. Es también un ejemplo de rúbrica horizontal, cuya explicación daremos luego.

Por tanto, y a modo de resumen, podemos concluir que la rúbrica hecha antes de la firma equivale a «preparar el terreno» para esta y, por ende, esta será también la tendencia de estas personas en otros aspectos de su vida.

Tachar la firma

Puede darse el caso de que en lugar de pasar algún trazo por encima (ver «Rúbrica invadiendo la firma»), se llegue a tachar la firma de forma más o menos «drástica».

La conclusión grafológica de este rasgo es que existen algunos conflictos internos en esas personas, a veces relacionados con los aspectos que nombre y apellidos simbolizan.

Por ejemplo, tachar el nombre puede ser debido a traumas de la infancia; el primer apellido, a la existencia de problemas con la autoridad o bien con aspectos laborales a determinar, y, por último, tachar el segundo apellido puede tener su causa en una problemática no resuelta con la figura materna.

FIG. 183.   *Rúbrica tachando la firma.*

Y convirtiéndola en prácticamente ilegible, dada su relativa complejidad.

Si la tachadura es de toda la firma, están patentes los sentimientos de culpa que pueden dar origen a conductas autopunitivas: la persona se pondrá «trabas» de una u otra manera, yendo muchas veces en contra de sí misma.

En cualquier caso, hay que analizar muy bien cómo es la tachadura en cuestión, sobre todo en cuanto a presión de los trazos y angulosidad o curvatura de los mismos. Si la presión no es muy fuerte y predomina la curva, estas interpretaciones serán mucho más benignas.

Subrayar la firma

Es frecuentísimo hacer la rúbrica con uno o varios trazos que subrayen la firma. La interpretación es que se busca una base firme sobre la que apoyarse, es decir, algo tan lógico y humano como es la búsqueda de seguridad.

FIG. 184. *Rúbrica que subraya la firma.*

Hay también un deseo más o menos explícito de aplauso y reconocimiento por parte de los demás, lo que lleva parejo un carácter narcisista. Al fin y al cabo, se está subrayando el «yo» que la firma representa.

Cuanto mayor sea la longitud del subrayado en relación a la firma, más destacados serán los aspectos simbolizados por este gesto.

Rodear la firma

En este caso se está intentando proteger la personalidad más íntima, resumida en la firma. Y este deseo de protección será tanto más acusado cuantos más rasgos se utilicen en el «rodeo» o circunvalación de la misma. Si se trata de trazos curvos, será también síntoma de egocentrismo, por tratarse de círculos o elipses, símbolos del «yo».

Un caso extremo es aquel en que los círculos giran sobre sí mismos hasta convertirse en espirales. Aquí existe mucha mayor defensa, al ser varias las barreras en forma de curvas; también el narcisismo y el egocentrismo son mucho mayores.

FIG. 185.   *Rúbrica rodeando la firma.*

La rúbrica que rodea la firma es muy típica de adolescentes, que necesitan un mayor grado de protección psicológica. En etapas posteriores de la vida puede ir desapareciendo, aunque perdurará en el caso de que sigan existiendo las necesidades que hemos explicado.

Las puntas y las bolsas

Las puntas en la rúbrica pueden ir dirigidas fundamentalmente en cuatro direcciones: arriba, abajo, derecha e izquierda.

Rúbrica con puntas a la izquierda es sinónimo de agresión hacia uno mismo, a veces de las maneras más insospechadas, desde fumar o beber en exceso, hasta ir desaprovechando oportunidades, ponerse uno mismo las cosas difíciles, etc. Es también sinónimo de responsabilidad, espíritu de sacrificio, abnegación, etc. (Ver figura 133-A.)

Las puntas en la zona derecha de la rúbrica son una expresión de que se intenta «pinchar» a los demás, bien atacándoles psicológicamente, presionándoles, exigiéndoles, etc. Puede ser asimismo facilidad para meterse en diferentes ambientes, para comprender a las personas con facilidad, etc. Todo depende de cómo sea la escritura en general. (Ver figura 133-B.)

Si van hacia arriba, habrá tendencia a irritarse, a enfadarse con relativa facilidad, y si —además— van hacia la derecha, serán síntoma inequívoco de tendencia a la polémica.

FIG. 186.   *Rúbrica con puntas hacia la zona superior derecha.*

Esta firma ilegible y de tipo filiforme (ver «Firmas legibles o ilegibles» en el capítulo anterior, aparece rematada por una rúbrica con una curiosa punta.

Por último, las puntas hacia abajo en la rúbrica son reflejo de agresividad secundaria, o sea, que en lugar de resolverlos en el momento, los problemas se van «guardando» sin manifestarlos, pero con la intención de resolverlos de forma más o menos secreta. Es un rasgo de posible rencor y/o resentimiento. (Ver figura 187.)

En cuanto a los bolsas (o curvas que se cierran sobre sí mismas) en la rúbrica, su significado depende en gran medida de su ubicación. Por ejemplo, si son en la izquierda, «encierran» todo tipo de proyectos, teóricos si aparecen en la parte superior y prácticos si lo hacen en la inferior.

En cambio, bolsas en la zona superior son sinónimo de imaginación, de creatividad. Si hay líneas que cortan la bolsa, ocurre que la persona misma se limita su propia imaginación, como si algunas cosas que se le ocurrieran le resultaran demasiado «raras» como para contarlas o ponerlas en práctica y prefiere reservárselas.

Fig. 187.   *Rúbrica con bolsas en la zona superior.*

Lo curioso de este ejemplo es que las dos parecen «gemelas», por la precisión con que han sido realizadas. Destacar también las agudas puntas en triángulo que están en la base o zona inferior.

Cuando estas mismas bolsas o «bucles» están en la zona inferior, se trata de deseos de buscar seguridad en lo material. (Ver figura 132.)

Y si están en la zona de la derecha no son sino una forma de protección, como si de un auténtico «colchón de aire» se tratase. En estos casos resulta muy curioso comprobar cómo el trato con estas personas siempre es muy amable, lleno de suavidad y buenas maneras, al menos en principio.

FIG. 188. *Rúbrica con bolsas en las zonas derecha e inferior.*

Un auténtico «colchón» forman la «l» final que se refuerza con un nuevo bucle para terminar con otro en la zona más inferior.

Rúbricas complicadas o sencillas

La rúbrica es, como ya ha quedado claro, la defensa de nuestra firma. Así pues, resulta lógico pensar que si no sentimos demasiada necesidad de defendernos, si estamos seguros, confiados, nuestra rúbrica será sencilla (ver figura 184). En caso contrario expresaremos nuestra necesidad de sentir seguridad y protección a través de una rúbrica más o menos complicada.

Otro aspecto que se relaciona con la sencillez o complicación de la rúbrica es la claridad de las intenciones y la ingenuidad o bien la picardía en los comportamientos. En líneas generales podemos decir que a mayor complejidad de la rúbrica, mayor capacidad para «liar» las cosas, unas veces con mejor intención que otras.

Por ejemplo, la firma de los buenos comerciales, normalmente ha de tener una rúbrica compleja, que indica una gran capacidad de convicción, sobre todo si es curva.

FIG. 189.   *Rúbrica complicada.*

Y tanto, ya que se trata de una auténtica maraña de líneas, aderezada además con algunos rasgos sueltos en forma de acentos, círculos, etc.

Personas con propensión a los manejos y negocios poco claros también harán rúbricas complicadas, a veces con rasgos que se entrecruzan, otras con envolventes o bien subrayantes, o incluso las dos cosas a la vez. Las posibilidades son muchas y a veces se hace difícil señalar el grado de complejidad, de forma que hay que ver cada caso y analizarlo por separado.

La dirección de la rúbrica

Si la dirección de la firma ya es importante para saber el grado de resistencia a las adversidades, la de la rúbrica lo es más aún, pues responde a motivaciones menos controladas. La rúbrica es libre, y en ella nos expresamos mucho más espontáneamente que en texto e incluso que en la propia firma.

FIG. 190. *Rúbrica ascendente.*

Tras «coger carrerilla» en ese gesto de «sable» (ver capítulo XI, «Gestos tipo»), la rúbrica se proyecta de manera decidida hacia la zona superior, repitiéndose el gesto dos veces. De esta manera se forman los «raíles», de los que se habla en el subsiguiente epígrafe.

Por ello, una rúbrica ascendente en su conjunto (no olvidemos que puede estar formada por varios trazos) nos pondrá de manifiesto la capacidad de reacción, la iniciativa y los deseos de superación.

En cambio, una rúbrica descendente es síntoma de propensión a sentirse vencido en última instancia, a no soportar finalmente las presiones, a «venirse abajo» si las cosas se complican.

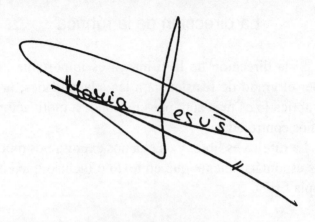

FIG. 191. *Rúbrica descendente.*

Aquí la rúbrica cae de manera irremisible, aunque los trazos son firmes. Véanse también las «dos rayitas» que luego comentaremos.

Una rúbrica más o menos horizontal habla de un equilibrio en cuanto al estado de ánimo profundo, además de ser un rasgo reforzante del realismo. (Ver figura 182.)

Pero en cuanto al ascenso o descenso, es muy interesante analizar hacia dónde se dirige el último rasgo, como más adelante comentaremos.

Rúbricas protectoras

Son aquellas que presentan rasgos que, sin necesidad de rodear la firma, suponen una protección de la misma.

Lo más típico son trazos horizontales que se sitúan por encima de la firma, a modo de «tejadillo». (Ver figura 124.)

También pueden aparecer como una especie de «escudos» en forma de trazos curvos semicirculares a la derecha de la firma. En ocasiones, estos escudos se acompañan de trazos horizontales, más o menos largos, proyectados hacia la derecha, a modo de «lanzas».

Fig. 192.   *Rúbrica protectora.*

Los trazos verticales que aparecen en la zona derecha forman una barrera que quiere ser una protección psicológica de la personalidad encerrada en la firma.

En fin, que pueden ser muy diversas las rúbricas que se pueden considerar como «protectoras» de la firma, aunque sin duda la más característica sea la que la rodea, que ya comentamos antes.

Rúbrica «en raíles»

Es aquella en que aparecen dos líneas rectas, una por encima y otra por debajo de la firma, de forma que esta aparece como «encarrilada» en las vías de un hipotético tren.

Indica que se tiende hacia unos objetivos determinados que se tratan de cumplir, muchas veces incluso dejando aparte otras expectativas.

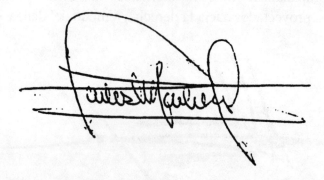

FIG. 193.   *Rúbrica «en raíles».*

Que cortan claramente la zona superior (muy desarrollada), así como los pies que sobresalen de la inferior.

Hay limitaciones tanto en lo imaginativo como en lo puramente práctico, ya que las líneas superior e inferior cortan, al fin y al cabo, estas dos zonas.

Las «dos rayitas» al final

Una de las preguntas que más se hace a los grafólogos es justamente esa: ¿Qué quieren decir esas «dos rayitas» que muchas veces aparecen al final de la rúbrica?

El significado es múltiple; por un lado, es rasgo de perfeccionismo, de querer dejar las cosas muy definidas y puntualizadas. En esta línea, también lo es de imposición de criterios. (Ver figura 191 en rúbrica descendente, síntoma de acendrada defensa de los planteamientos.)

Por otro, lado es síntoma de desconfianza, sobre todo si en lugar de dos pequeñas rayas son uno o varios puntitos los que se hacen con el deseo oculto de que la firma no sea imitada. (Ver figura 190.)

Esa perfección de la que hablábamos se puede relacionar con obsesiones, sobre todo si la escritura está «demasiado bien» ejecutada.

FIG. 194. *Rúbrica con dos rayitas al final.*

Más que de «rayitas» en este caso hay que hablar de «rayazas», dado su considerable tamaño. Por si fuera poco se termina con un punto en forma —ahora sí— de «rayita».

Y también es este un rasgo de histrionismo, de teatralidad, por lo que es normal que las conversaciones de estas personas se adornen con gestos abundantes, enfatización de la voz, etc. Las despedidas se alargarán, pues en el fondo se trata por todos los medios de decir siempre la última palabra.

Rúbricas exóticas

Pueden ser de muchísimos tipos, pero nos ceñiremos a las más usuales, aun dentro de su mismo exotismo y rareza. Por ejemplo, decimos que resulta «exótica» una rúbrica en la que aparezcan símbolos que pueden ser cruces, estrellas, círculos, números, asteriscos, etc.

FIG. 195. *Rúbrica con estrellas y asteriscos.*

Una gran facilidad para las artes plásticas se desprende del análisis de esta firma de rasgos elegantes, culminada con una rúbrica que subraya en principio para terminar con sendos adornos tan curiosos como originales.

Se quieren salir de lo corriente quienes hacen esto en la rúbrica, eso está claro; tratan de ser originales y un poco exhibicionistas. Es muy propio de adolescentes, pues, en adultos, este tipo de símbolos puede tener otros significados que habrá que estudiar en cada caso.

Otra posibilidad son las rúbricas con dibujos, a veces muy rústicos y otras absolutamente artísticos. También es difícil generalizar, porque puede haber muy diversas motivaciones para hacer estos dibujos al final de la firma. Generalmente demuestran sentido artístico o, al menos, ganas de tenerlo; los deseos de llamar la atención son claros, así como de ser admirados.

Desde luego que, aparte las comentadas, puede haber más rúbricas que se puedan considerar extrañas o exóticas. Habrá que echar mano del sentido común grafológico (con especial atención a los «gestos tipo») y del análisis del resto de la escritura para interpretar cada una de las que nos podamos ir encontrando.

FIG. 196. *Rúbrica con dibujos.*

Atención al «mascarón de proa» en la zona derecha de la rúbrica en el que se distinguen perfectamente ojo, nariz y boca, realizado según manifestaciones del autor de la firma «como símbolo de su navegación por las aguas de la vida».

El último rasgo de la rúbrica

Bueno, pues ya hemos escrito, hemos firmado y hasta rubricado: «Alea jacta est» («La suerte está echada»), pero faltaba el último rasgo y, por tanto, el más inconsciente, el que se hace pensando menos, dejándose llevar...

Por eso precisamente tiene tanto interés grafológico. Para interpretarlo hay que considerar varios factores; el primero si está poco (ver figura 193) o muy presionado (figura 190), que nos dirá si las cosas se suelen terminar con energías «de sobra» o con las fuerzas más bien «justitas».

Si termina en punta (figura 192), puede ser un signo de agudeza final, así como de dar salida a la agresividad. Si se contiene o es «en maza» (figura 190), se intentará el autocontrol aun en las circunstancias más extremas.

La dirección también importa, y mucho, ya que si el trazo final se hace hacia abajo (figuras 186 y 188), la tendencia última de la persona será el pesimismo; en cambio, hay mucha más capacidad de recuperación si el último trazo de la rúbrica sube, incluso si la firma fuera algo descendente.

Fig. 197. *Rúbrica con trazo final ascendente.*

Esta rúbrica, a modo de «visé», presenta tramos alternativamente ascendentes y descendentes, pero el último es clara y decididamente hacia arriba, poniendo de manifiesto el carácter optimista de fondo y la capacidad de recuperación de su autor.

Atención, pues, al último rasgo, que puede darnos muchas «pistas», siempre —eso sí— en combinación con el estudio del resto de la firma y escritura.

Cuando no se hace rúbrica

Varias son las posibilidades, o bien se es anglosajón o de algún país donde no se rubrique, o se tiene mucha seguridad en uno mismo. Pero también cabe la posibilidad de que se trate de alguien demasiado ingenuo como para escribir algo más que nombre y apellidos en la firma.

La explicación más común y lógica es la segunda, es decir, la seguridad en uno mismo: al ser la rúbrica un «arropamiento» de la personalidad, el hecho de no necesitar esta protección es un signo inequívoco de madurez personal, y más aún si la letra tiene auténtico nivel.

FIG. 198. *Firma sin rúbrica.*

Con marcadas puntas hacia abajo y trazo final descendente; no obstante, se trata de una firma en la que no aparece ningún tipo de rúbrica.

La interpretación de «personalidad ingenua» solo tiene sentido cuando se detecten evidentes dificultades para escribir, aunque en muchos de estos casos se hace una especie de garabato muy variable a modo de rúbrica.

Cabe también la posibilidad de que no se haga rúbrica por una especie de esnobismo, al observar firmas de personas de países «no rubricantes».

Evolución de la rúbrica

La rúbrica, como la escritura, también es algo vivo que va cambiando a lo largo de la vida de la persona.

La evolución lógica consiste en su paulatina simplificación a partir de la infancia y adolescencia, épocas en que las rúbricas suelen ser más o menos complicadas. Poco a poco, los rasgos se van eliminando y/o simplificando y la rúbrica va perdiendo complejidad a medida que se gana en madurez personal.

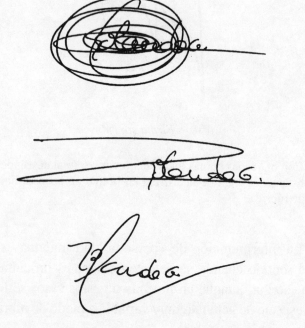

FIG. 199. *Evolución de la rúbrica.*

Qué ha pasado, en el caso de esta joven mujer, de ser envolvente y complicada en principio (A, deseos de protección y confusión), a tener aspecto de zigzag con puntas a derecha e izquierda (B, decisión y carácter tajante), para después (C adoptar una mayor sencillez, si bien con bolsa inferior (deseos de solucionar aspectos económicos), terminando (D) con una muy sencilla que subraya el nombre antes de escribirlo: síntesis y deseos de organización.

Este proceso, aun siendo el más lógico, no tiene por qué ser necesariamente así; de hecho, se dan casos al contrario, o sea, de complicación de la rúbrica. Aunque generalmente esto sucede cuando en algunas etapas de la vida han existido dificultades que han hecho «regresionarse» a la persona, o sea, que la han llevado hacia estados de menor autoconfianza.

Pero, repito, que lo normal y más frecuente es que los rasgos, no solo de la rúbrica, sino también de la firma, se vayan simplificando progresivamente. Tanto es así que se puede saber la fecha en que se ha realizado una firma por comparación con otras realizadas en otras épocas.

CAPÍTULO XV

Dime cómo escribes
y te diré cómo eres

El carácter de la escritura

E S MUY DIFÍCIL generalizar y atribuir un determinado carácter o forma de ser a un cierto tipo de escritura. Primero porque también es difícil encuadrar las escrituras en tipos definidos, y segundo, porque lo complejo de la personalidad hace muy complicado hablar de «caracteres». Pero en un afán de simplificar las cosas y dar una visión global de todo lo hasta ahora hemos explicado, vamos a intentar dar algunas pautas sobre los rasgos de la escritura que definen algunas tipologías muy características, aun a sabiendas de lo peligroso que resultan las generalizaciones.

Hemos seleccionado una serie de características básicas de la personalidad y de las aptitudes, algunas de ellas con denominaciones un tanto coloquiales para su mejor comprensión. Los ejemplos de letras hemos intentado que sean también muy claros y lo más perfectamente ajustados a las características explicadas, de manera que si usted, amigo lector, o alguien que conoce escribe de forma parecida a alguno de estos ejemplos, va a ser muy difícil que no posea en una considerable medida el rasgo en cuestión. Siga leyendo, haga las correspondientes pruebas y ya me contará...

Los egocéntricos

Quieren ser el centro de atención de todos, necesitan la notoriedad y para ello se buscan las mil y una maneras de destacar. Y todo ello sin que existan intereses de por medio ni nada por el estilo, sino simplemente como manera —a veces un tanto inocente— de buscar afectos.

Sus letras son grandes y tienden a ocupar todo el papel, destacando sobre todo la parte central, zona que predomina sobre el resto. Los óvalos también son grandes y pueden existir espirales, bien en letras, bien en la rúbrica.

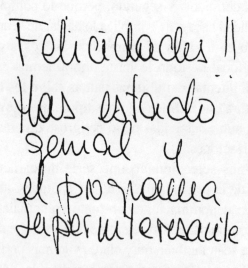

FIG. 200. *Escritura egocéntrica.*

Letras muy grandes, con claro predominio del cuerpo medio y ocupando todo el papel, en este caso una pequeña nota adhesiva. En algunas «aes» se observan algunas espirales, para corroborar que se trata de una persona que gusta de que las cosas giren a su alrededor, es decir, egocéntrica.

Los nerviosos

Su escritura estará sometida a variaciones, tanto de tamaño como de inclinación, dirección de las líneas, presión, etc. Los temblores, más o menos apreciables, aparecerán como síntoma inequívoco de que los nervios les pueden jugar alguna que otra mala pasada. Puede haber también rectificaciones, tachaduras, enmiendas, etc. En general, sus rasgos adolecerán de falta de estabilidad, siendo la ejecución de las letras más o menos deficiente. Todo ello como resultado de una gran emotividad de fondo que difícilmente se sabe contener o canalizar.

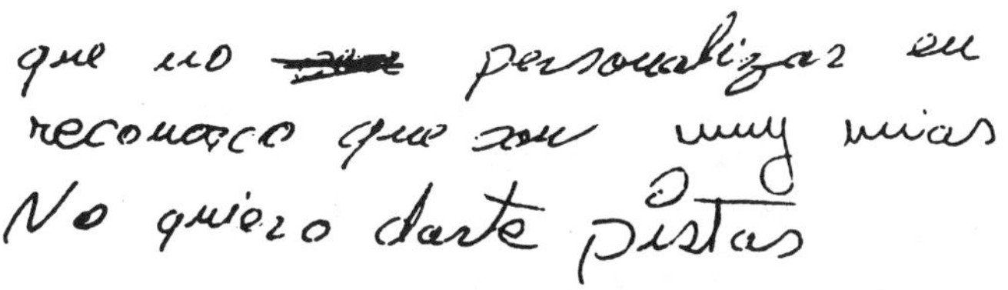

FIG. 201. *Escritura nerviosa.*

Tachaduras y variaciones (sobre todo de tamaño e inclinación) nos han llevado a escoger esta escritura como ejemplo de «nerviosa».

Los equilibrados

Es difícil encontrar equilibrio en la sociedad actual, donde las prisas, las tensiones y las «neuras» están a la orden del día. Pero de vez en cuando aparece alguien a quien todo esto no parece afectarle y se mantiene en calma, haciendo gala de un perfecto equilibrio entre sus deseos y realizaciones, entre su propio «yo» y todo lo que le rodea.

Su escritura mantendrá los márgenes correctos, estando el texto perfectamente encuadrado en el papel, lo mismo que la persona equilibrada lo está en su entorno (ver capítulo II, «Los márgenes»). Las distancias entre palabras, líneas y letras serán también las adecuadas, existiendo, por tanto, un orden interno en el escrito, que simboliza el de la propia persona.

La inclinación tenderá a ser vertical y la letra sencilla y bien hecha, sin estridencias. La firma estará en consonancia con el texto y correctamente situada respecto a este, siendo la rúbrica también sencilla.

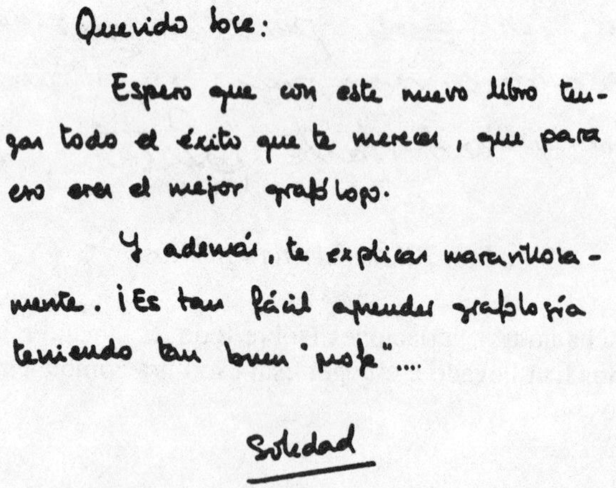
Querido Jose:

Espero que con este nuevo libro tengas todo el éxito que te mereces, que para eso eres el mejor grafólogo.

Y además, te explicas maravillosamente. ¡Es tan fácil aprender grafología teniendo tan buen "profe"....

Soledad

FIG. 202. *Escritura equilibrada.*

Perfectamente legible y organizada, con firma y rúbrica sencillas, he aquí una escritura que demuestra un perfecto equilibrio personal. Y que conste que no han influido a la hora de seleccionar el ejemplo los inmerecidos elogios que se expresan en el texto. De todas formas, muchas gracias.

Los impacientes

La persona impaciente lo refleja en la escritura en rasgos que quedan sin terminar, precisamente por tener prisa también a la hora de escribir y querer acabar las letras con excesiva rapidez. Por tanto, serán frecuentes las letras sin terminar, bien al final o en medio de palabras, dando lugar a trazos horizontales. La escritura denominada «filiforme» (ver capítulo V, «La forma») es típica de personas impacientes, aunque no sea condición indispensable. Basta con que existan algunas letras inacabadas en escritura rápida, naturalmente.

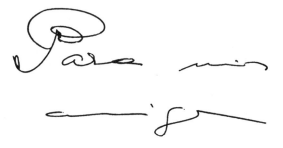

FIG. 203.   *Escritura impaciente.*

Salvo la primera palabra, que está completa, en el resto aparecen trazos filiformes como reflejo de la impaciencia de su autor.

Los lentos, pero seguros

Nos referimos a aquellas personas que prefieren hacer las cosas despacio pero bien, en lugar de hacerlas más deprisa pero a riesgo de cometer errores. Sacrifican, por tanto, la velocidad a la perfección y seguridad en sus realizaciones.

Y una de estas realizaciones es, sin duda, la escritura, la cual será de trazos pausados o lentos y ejecución poco menos que perfecta. En general, toda la escritura estará dotada de un aplomo que, solo con verla, nos transmite la seguridad que estas personas poseen en su interior.

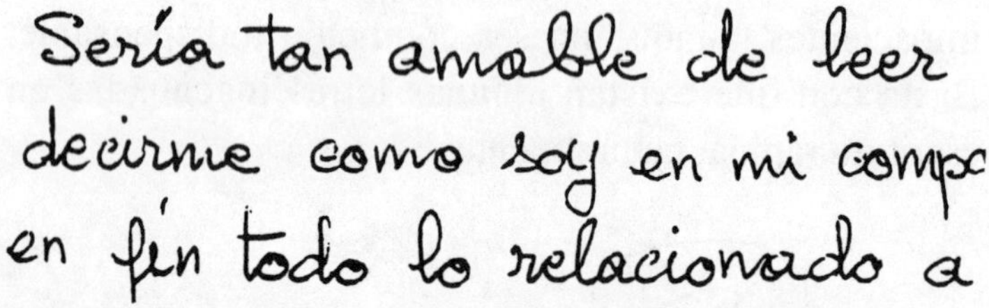

Sería tan amable de leer
decirme como soy en mi compo
en fin todo lo relacionado a

FIG. 204.   *Escritura lenta pero segura.*

Trazos parsimoniosos, incluso recreándose en los óvalos, pero a la vez muy firmes, síntomas ambos de que esta persona prefiere hacer las cosas «a conciencia» y con total seguridad, aunque tarde un poco más.

Los detallistas

Se fijan en todo, no se les pasa ni el más pequeño detalle y, cuando trabajan, cuidan lo que hacen al máximo. Son los «detallistas», personas que llegan a sufrir si piensan que no van a ser capaces de controlar todos y cada uno de los aspectos de un determinado asunto, por pequeños e insignificantes que sean.

El rasgo fundamental del detallismo es la escritura pequeña y ordenada, tanto internamente como en lo que a márgenes se refiere. Si además existen retoques y adornos, estaremos ante un auténtico perfeccionista.

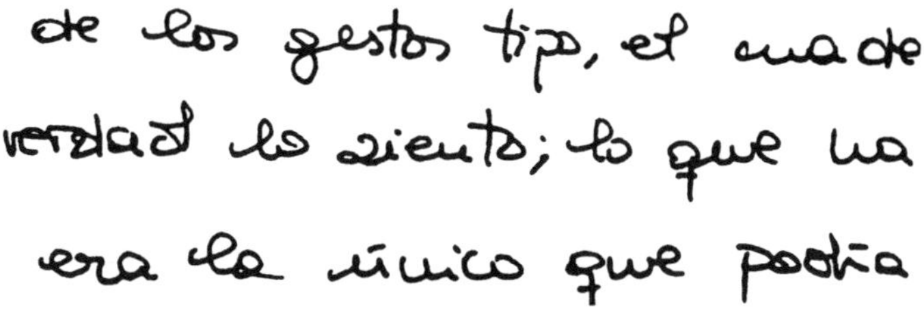

FIG. 205.   *Escritura de un «detallista-perfeccionista».*

El tamaño pequeño y los adornos perfeccionistas nos hacen pensar que esta persona buscar la perfección en todo lo que hace.

Los despistados

Olvidan cosas continuamente: la cartera, las llaves, cerrar los grifos, apagar las luces, confunden las calles, los nombres, los números de teléfono, en fin, que son un desastre para las pequeñas cosas, a veces por nervios, otras por preocuparse de temas que son más importantes para ellos o bien por hacerlo de varias cosas a la vez.

Estos «despistes» están muchas veces relacionados con caracteres ansiosos, que quieren abarcar demasiado, cometiendo errores por falta de concentración.

En su escritura se aprecian también no pocos depistes, como puede ser el hecho de «comerse letras» o cometer erratas, así como dejar de poner puntos a las «íes», barras a las «tes», acentos, etc.

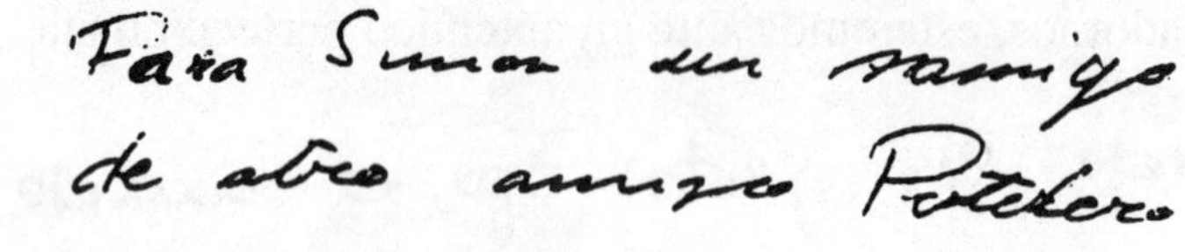

FIG. 206. *Escritura de un despistado.*

Aparte de los puntos de las «íes», ausentes en dos de ellas (sobre tres posibles), la ¿«n»? que antecede a «amigo» y la ausencia de «s» en la última palabra, confirman el «despiste» del autor de esta pequeña nota.

Los perezosos

Les cuesta levantarse, y no solo por las mañanas, sino que si, por ejemplo, el mando a distancia está «demasiado lejos» prefieren no hacer «zapping». Su deporte favorito es el «sillón-ball» y solo hacen aquello que consideran indispensable o que les reporta un placer inmediato.

No obstante, pueden trabajar, e incluso hacerlo denodadamente, pero en el fondo de su alma preferirían no hacer prácticamente nada, el *dolce far niente*, que dicen los italianos. Les encanta quedarse en la cama los fines de semana y pasar el tiempo sin agobios ni nada que les pueda producir angustia ni fatiga. En definitiva: «aman perezosear».

En su escritura predominan los trazos curvos, incluso donde caligráficamente debería haber ángulos. (Ver «Ángulo o curva» en el capítulo V.) La presión tiende a ser escasa y los renglones o los finales de palabra o línea, descendentes. En general, la escritura de los perezosos, aparte de estos rasgos apuntados, presenta no pocos cambios de tamaño, forma, inclinación, etc.

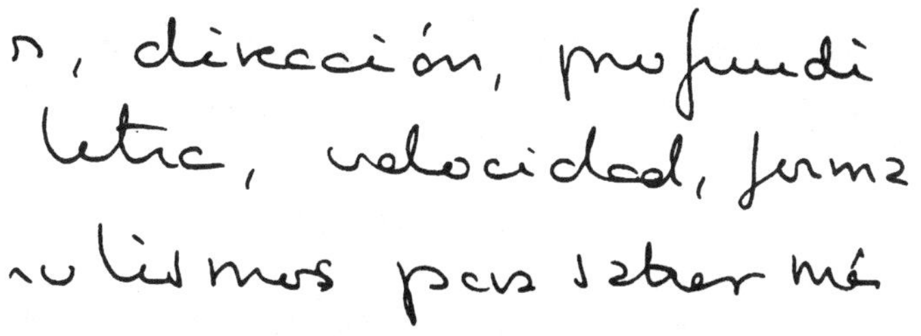

FIG. 207. *Escritura «perezosa».*

Curva, no demasiado bien ejecutada, con escasa presión y finales caídos; todo ello confirma la «pereza» del autor de esta escritura.

Los trabajadores

Al contrario que los perezosos, los verdaderos trabajadores son personas que no saben estar sin trabajar, lo necesitan para sentirse bien, es algo consustancial con su vida. Detestan «perder el tiempo» y se esfuerzan por aprovechar cada instante de su vida en realizar sus tareas, muchas veces impuestas por ellos mismos.

Sus escrituras serán presionadas y más bien angulosas, y los renglones y la firma tenderán a ser ascendentes. El hecho de no desperdiciar ni un segundo de su tiempo les llevará a no hacerlo tampoco con el papel de que dispongan para escribir, el cual ocuparán incluso en demasía, siendo los márgenes pequeños o inexistentes.

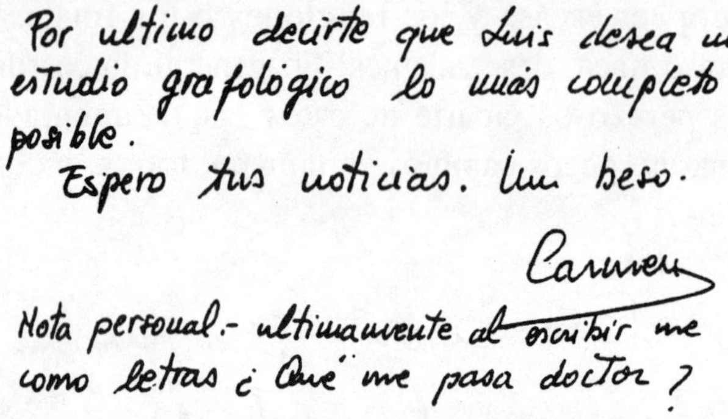

Por ultimo decirte que Luis desea un
estudio grafológico lo más completo
posible.
Espero tus noticias. Un beso.

Carmen

Nota personal.- ultimamente al escribir me
como letras ¿ Qué me pasa doctor ?

FIG. 208. *Escritura de una persona muy trabajadora.*

Presión firme y mantenida, líneas ascendentes, predominio del ángulo y aprovechamiento del papel: todo ello nos permite afirmar sin lugar a dudas que estamos ante una persona de excelente rendimiento laboral.

Los lógicos

La lógica es la capacidad para realizar juicios sensatos sobre las cosas. Y no solo de eso, sino de enlazar unos pensamientos con otros para llegar a una conclusión válida. Quienes utilizan la lógica de forma preferente suelen escribir de forma rápida y uniendo las letras entre sí, incluso aquellas que resulta más difícil, como es el caso de las mayúsculas que terminan en un rasgo alto en relación a la minúscula siguiente (ver «Mayúsculas y minúsculas» en el capítulo X, «La cohesión»).

El resto del escrito suele ser más bien ordenado, tanto internamente como en cuanto a márgenes.

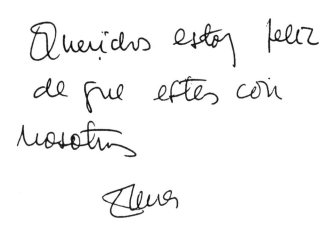

FIG. 209. *Escritura «lógica»*.

Aparte de la rapidez de los trazos, las letras aparecen en su mayoría unidas. Hasta la propia «E» de la firma «se las ingenia» para unirse a la «l» por arriba, a base de dar una graciosa vuelta.

Los intuitivos

Se dice que una persona es intuitiva cuando es capaz de captar una situación de forma casi instantánea, prácticamente sin pensar, a base de valorar muy rápidamente los aspectos más relevantes y llegar a una conclusión en el momento.

Tradicionalmente se dice que son las mujeres las personas más intuitivas, pero lo cierto es que no tiene por qué ser necesariamente así; se puede asegurar que tanto la intuición como la lógica pueden ser, y de hecho lo son, tanto atributos masculinos como femeninos.

La escritura de las personas intuitivas se caracteriza también por la rapidez de los trazos (como en el caso de la lógica), pero —a diferencia de esta— aquí las letras han de estas separadas, tanto entre minúsculas como entre estas y las mayúsculas.

El texto tenderá a ser algo desorganizado, con variaciones en los diferentes aspectos de la escritura: tamaño, forma, dirección de líneas, inclinación, presión, márgenes etc. En especial las variaciones en la inclinación son un interesante rasgo a tener en cuenta en lo que a intuición se refiere.

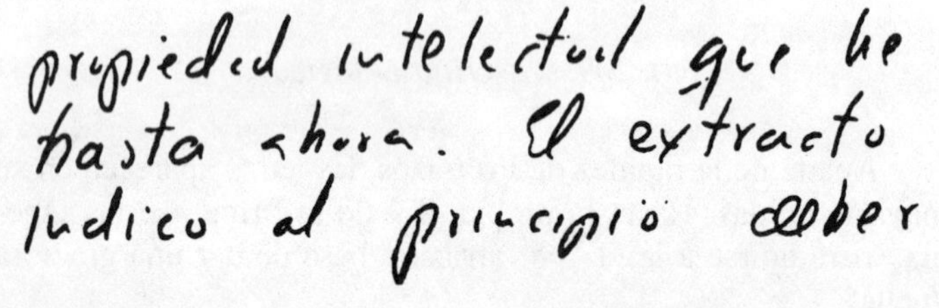

FIG. 210. *Escritura «intuitiva»*.

Rapidez en los trazos y separación de letras, variables en tamaño, presión e inclinación, nos dan pie a pensar que estamos ante una persona fundamentalmente intuitiva.

Los idealistas

Viven en un mundo propio, en el que sus pensamientos tomar cuerpo y se hacen realidad, al menos para ellos. No tienen por qué llegar a ser místicos, pero sin duda su tendencia es a elevarse sobre las miserias de este mundo. Nos referimos tanto a quienes defienden ideales concretos como a los que son idealistas «en abstracto», sin llegar a tener una ideología determinada.

El idealismo viene caracterizado por el desarrollo de la zona superior de la escritura, sobre todo las crestas de letras como la «d», la «l» o la «f». La barra de la «t» tiende a ser alta, así como los puntos de las «íes», muchas veces también redondos. Otro rasgo importante de idealismo es la escasa presión de la escritura, realizada sin apretar demasiado el útil sobre el papel.

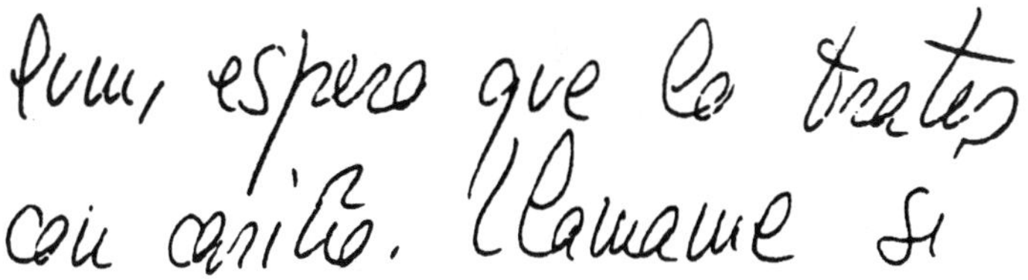

FIG. 211.   *Escritura idealista.*

Crestas desarrolladas, puntos de las «íes» altos y escasa presión son los rasgos fundamentales de idealismo de esta muestra

Los prácticos

Son personas que, al contrario que los anteriores, tienen los pies en el suelo y procuran moverse siempre sobre planteamientos eminentemente realistas, huyendo de todo tipo de especulaciones teóricas. Pueden caer en el materialismo, es cierto, pero no tiene por qué ser así, sino simplemente moverse en un plano práctico y real.

La presión fuerte y el predominio de la zona inferior de las letras (sobre todo de los pies de la «f», «g», «j», «y», etc.) son los rasgos más importantes que, unidos a la simplificación de los trazos y la ordenación general del texto, configuran las condiciones grafológicas de una escritura práctica.

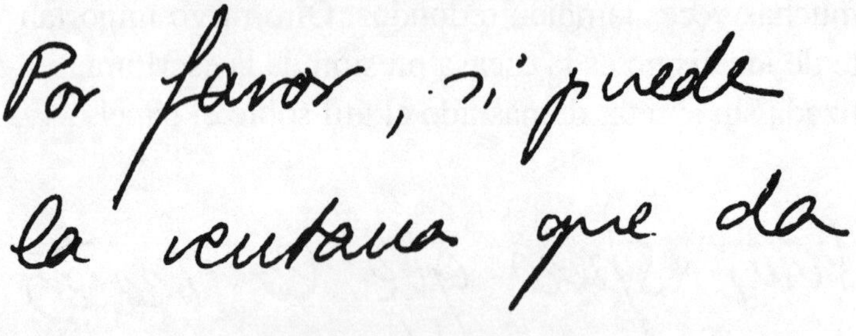

Por favor, si puede la ventana que da

FIG. 212. *Escritura práctica.*

Bien presionada y de rasgos escuetos y tajantes, aparte del predominio de la zona inferior, muy patente en la «f».

Los «mandones»

La denominación un tanto humorística de «mandones» debemos matizarla, porque puede dar lugar a error. En efecto, hay que distinguir entre las personas que les gusta mandar y las que realmente están capacitadas para hacerlo.

Entre las primeras se encuentran los casos más frecuentes de «vocación por el mando», por llamarlo de alguna manera. En realidad, se trata de personas con sentimientos de inferioridad que intentan supercompensar. Se quiere estar por encima de los demás porque en el fondo no se confía en las propias posibilidades y eso les lleva a adoptar el orgullo como mecanismo de defensa.

Los rasgos de la escritura que detectan esto son, sobre todo, los trazos verticales largos y presionados. La letra sobrealzada (ver capítulo IV, «El tamaño», epígrafe «Letras sobrealzadas y rebajadas»), la barra de la «t» alta y las mayúsculas grandes (sobre todo las de la firma), son también rasgos que caracterizan a estos «mandones».

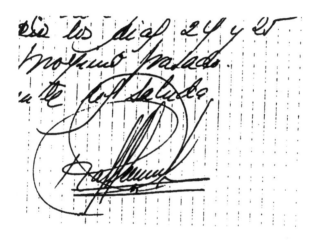

FIG. 213. *Escritura típica de «mandón».*

Espectacular muestra en la que los trazos verticales son muy marcados, sobre todo en firma, la cual incluso se mete en el texto, corroborando la vocación de imponerse a los demás e invadir su terreno psicológico.

Pero también hay que considerar el caso de personas que tienen auténtica valía para ostentar puestos de mando. Son los directivos o dirigentes natos, cuya formación, seguridad personal y desenvoltura social les lleva a ocupar con todo merecimiento puestos de dirección.

Su escritura se caracteriza por el alto nivel de la forma (ver «El nivel de la escritura» en el capítulo V), que implica una elevada capacidad intelectual y un adecuado equilibrio personal. Son letras sencillas, tanto minúsculas como mayúsculas, de inclinación vertical, así como uniformes y ordenadas. La firma y la rúbrica también suelen ser bastante simplificadas.

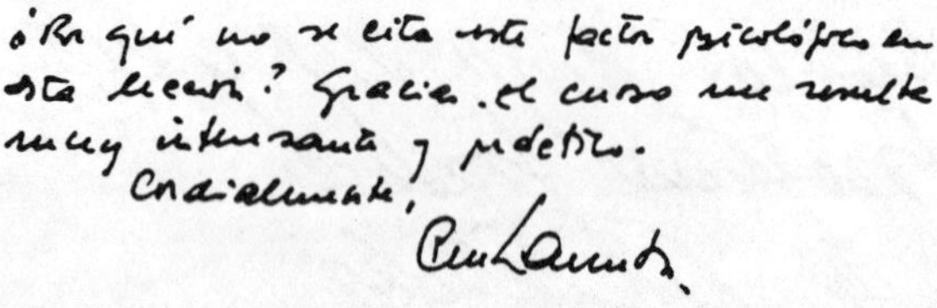

FIG. 214.   *Escritura de persona capacitada para mandar.*

Excelente nivel personal el de esta muestra de letra rápida, pequeña, sencilla y personal, con firma coincidente con el texto y rúbrica inexistente, demostrando la seguridad de esta persona en sus posibilidades que le llevan a ostentar puestos de mando por derecho propio.

Los «bien mandaos»

Son personas que prefieren ser dirigidas antes que tener la responsabilidad del mando. Su pregunta básica es: «¿Qué tengo que hacer?», y a ello se dedican de manera denodada, sin importarles en absoluto que sean otros los que decidan. Suelen ser asimismo personas sencillas y honestas, en quienes se puede confiar.

Su escritura es de tamaño normal o pequeño, más bien rebajada (ver capítulo IV), y de mayúsculas también pequeñas y sencillas. El nivel de la forma es medio, así como la presión. Las barras de las «tes» tienden a ser más bien bajas y la firma sencilla, aunque la rúbrica pueda ser algo más complicada, como resultado de los deseos de protección y seguridad.

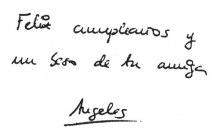

FIG. 215. *Escritura de una persona bien mandada.*

Letra muy pequeña y sencilla, con barra de la «t» baja, que demuestra la preferencia hacia puestos de subordinación.

Los sacrificados

La abnegación y el sacrificio han sido consideradas tradicionalmente como grandes virtudes en nuestra cultura. Y no cabe duda de que lo son, pero —como todo— en su justa medida. Y decimos esto porque de tanto hacernos ver desde niños que es importante y necesario sacrificarse, podemos llegar a caer en comportamientos que rayen en perjudiciales para nuestros propios intereses. Así, existen personas que continuamente se están preocupando de realizar actos que les resulten trabajosos o molestos, con el ánimo secreto de sentirse recompensados, muchas veces a largo plazo, tan largo que muy bien puede no llegar nunca.

En este tipo de personas es también frecuente el hecho de ponerse barreras y limitaciones, la mayoría de las veces sin darse cuenta de que es así.

En la escritura de estos «sacrificados» son frecuentes las puntas a la izquierda, sobre todo en la rúbrica, así como las torsiones, tachaduras y enmiendas (ver capítulo XI, «Los gestos tipo»). La rúbrica puede también pasar por encima de la firma o incluso tacharla de forma notoria.

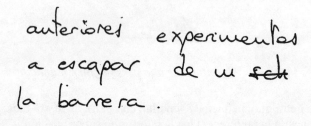

Fig. 216. *Escritura de una persona «sacrificada».*

A las torsiones existentes en los trazos verticales hay que unir la tachadura del texto y, sobre todo, la de la firma, casi «borrada» por la rúbrica, la cual presenta —además— puntas en la izquierda.

Los explosivos

No pueden soportar las tensiones y «explotan» a las primeras de cambio, haciendo gala de un escaso autocontrol. Su genio es, por tanto, vivo y su carácter irritable. Ello no es obstáculo para que se trate de buenas o incluso magníficas personas, pero en un momento dado nos sorprenderán con alguna que otra salida de tono que, generalmente, son de escasa duración.

En su letra aparecen también estas «explosiones». Son letras rápidas, nerviosas, algo tensas, en las que con una determinada frecuencia se observan aumentos bruscos de tamaño en algunas letras, sobre todo en las «oes» y «aes». Los cambios bruscos de dirección, tanto en letras como en firma y —sobre todo— en rúbrica, son determinantes en este tipo de caracteres que hemos llamado «explosivos».

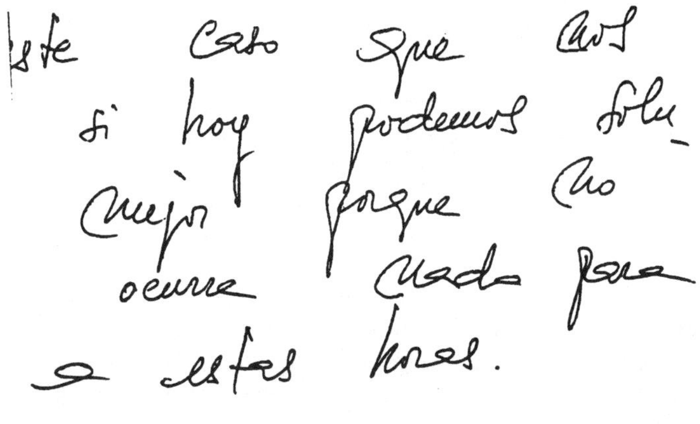

FIG. 217. *Escritura «explosiva»*.

Los espectaculares aumentos de tamaño de muchas letras, así como los cambios bruscos de dirección, permiten afirmar que las «explosiones» de genio son muy frecuentes en el autor de esta muestra.

Los optimistas

Todo lo ven bien, positivo, o —al menos— mejorable. Piensan que todo tiene solución y, si no, que tampoco merece la pena desesperarse. No se arredan ante las crisis ni las dificultades y procuran animar a los que les rodean.

Son los optimistas, cuya escritura suele ser grande clara, presionada y dirigida hacia la zona derecha del papel, donde simbólicamente están —entre otras cosas— las realizaciones. La presión es normal tirando a fuerte y, sobre todo, las líneas son ascendentes, lo mismo que la firma. Pero este ascenso ha de ser comedido, sin exageraciones (ver capítulo VI, «La dirección de las líneas), siendo preferible que no existan descensos en los trazos finales, ni de firma ni de rúbrica.

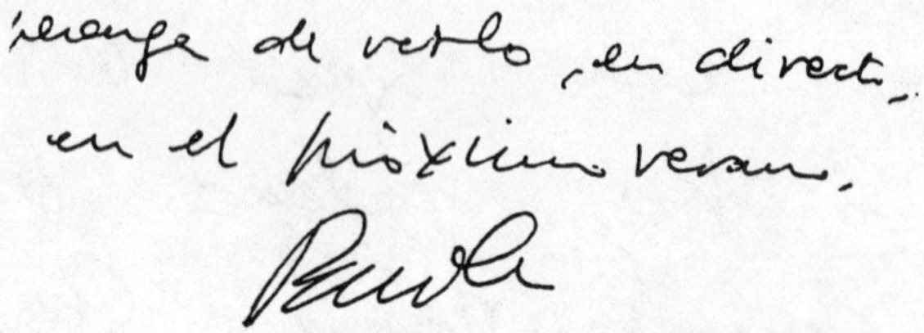

Fig. 218. *Escritura optimista.*

Ascenso decidido de los renglones y firma, aparte de que el tamaño de las letras de esta última (mayores que el texto) y la presión que se hace progresivamente más fuerte, nos lleva a pensar que estamos ante alguien que supera las dificultades a base de un jovial optimismo.

Los pesimistas

Al contrario que los anteriores, todo lo ven de color negro, plagado de problemas y dificultades.

Cuando algo les sale bien piensan que poco les durará la alegría... En fin, son los pesimistas, que no siempre son «optimistas bien informados», sino personas que, generalmente por haber sido educados en ambientes no demasiado animosos, tienden a desmoralizarse a las primeras de cambio.

La escritura de estas personas es descendente, tanto en líneas como en firma, existiendo muchas veces caídas finales en palabras y renglones, así como en firma y rúbrica. La presión no demasiado fuerte (sinónimo de poca energía) y las torsiones (síntoma de tensiones internas) son rasgos coadyuvantes del pesimismo en la escritura, así como la deficiente ejecución y el tamaño pequeño.

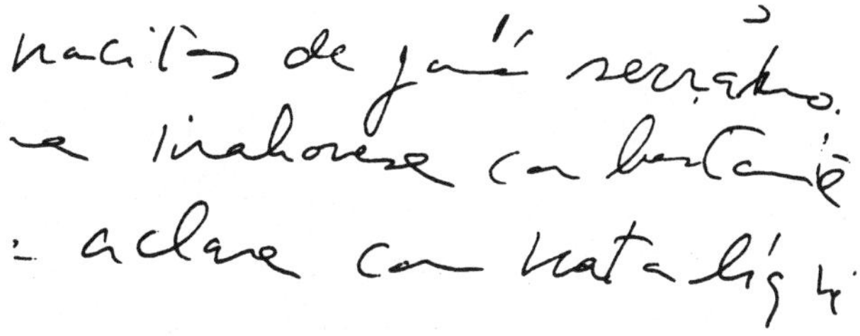

FIG. 219. *Escritura pesimista.*

Muestra de presión escasa, existiendo pequeñas torsiones y, sobre todo, un acusado descenso en las líneas, todo lo cual indica que hay tendencia a desmoralizarse con relativa frecuencia.

Los ahorrativos

No les gusta desperdiciar el dinero y prefieren tenerlo «a buen recaudo», bien en el banco o en inversiones lo más seguras y rentables posibles. Si tienen que comprar algo, gustan de mirar la forma en que se pueden ahorrar una peseta. En todo ello subyace la búsqueda de seguridad, precisamente la que proporciona el hecho de tener la economía bien acomodada.

Las bolsas en la zona inferior de la escritura, pies de las letras y, sobre todo, de la rúbrica, son un rasgo claro de tendencia a acumular bienes materiales. También lo son la presión fuerte y el aprovechamiento del papel, haciendo que los márgenes sean pequeños y juntando más de lo normal las letras (generalmente pequeñas), palabras y líneas. El margen izquierdo puede ir disminuyendo progresivamente como resultado de esa tendencia hacia el ahorro, y no solo de dinero, sino también en lo que se refiere a tiempo, esfuerzo y energía en general.

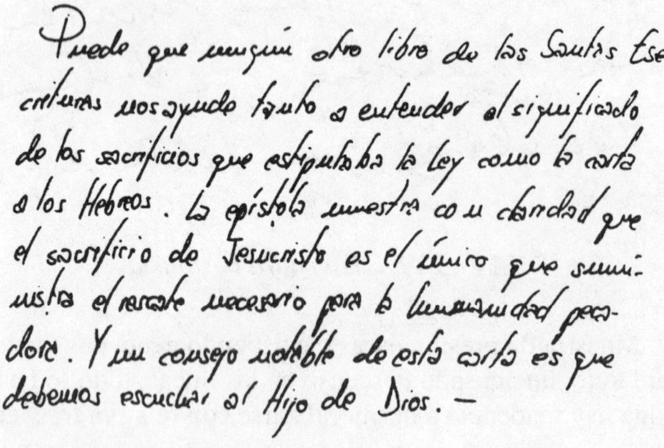

FIG. 220. *Escritura de persona ahorrativa.*

El aprovechamiento del papel en que se escribió esta nota es máximo, lo que unido al pequeño tamaño de las letras ya nos permite pensar en que el ahorro es una de las constantes de esta persona.

Los «gastones»

Parece que tienen «un agujero en la mano» y el dinero les dura muy poco en el bolsillo. Se deleitan con las tarjetas de crédito, ante el terror de sus familiares, sobre todo si estos pertenecen más bien al clan de los ahorrativos. Tienden a sobrepasar sus presupuestos, por lo que el margen izquierdo puede ser progresivamente mayor. El tamaño de las letras es grande y los márgenes también, apareciendo mucho «papel blanco» en el escrito, pues no les importa demasiado gastarlo, lo mismo que el dinero, el tiempo y la energía.

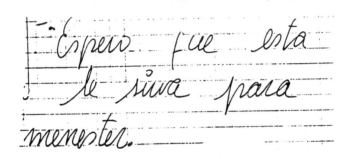

FIG. 221.   *Escritura de persona «gastona».*

Letras grandes y espacios llamativamente amplios entre palabras delatan la facilidad para gastar de quien escribió esta muestra.

Los fríos

Utilizan el cerebro ante todo. Calculan muy bien sus acciones y no actúan hasta tenerlo todo meditado.

Ejercen un control casi absoluto sobre sus emociones y no dejan que las pasiones entren en su vida. A veces todo esto no es más que una pose y existe una fuerte vena emotiva profunda, pero que no se quiere dejar traslucir por miedo a ser heridos en sus sentimientos o bien considerados débiles por los demás.

Estas personas que hemos denominado «frías» presentan en su escritura un claro predominio de los ángulos, siendo la presión fuerte y los rasgos controlados, incluso los finales. La escritura mantiene la verticalidad o se inclina a la izquierda y es realizada con trazos pausados, así como con cierta meticulosidad.

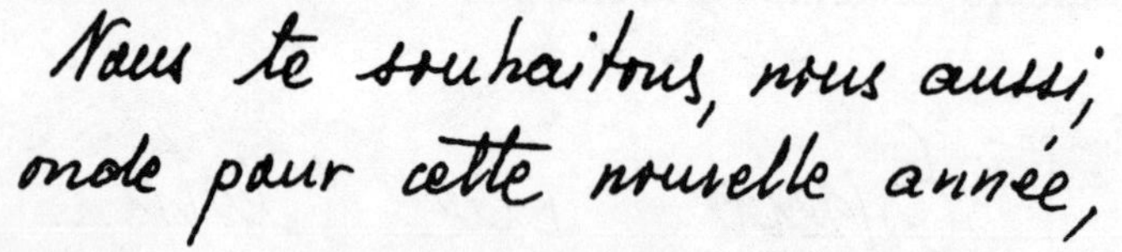

FIG. 222. *Escritura «fría».*

Perfecto el control sobre todas y cada una de las letras, incluso sobre los rasgos finales de este escrito que demuestra predominio de lo cerebral, ratificado por el predominio de los ángulos y la meticulosidad de los trazos.

Los sensibles

La sensibilidad es un rasgo del carácter que permite a quienes lo poseen captar mucho mejor todo lo que sucede en su entorno. Vivencian sus emociones y muchas veces las transmiten a los demás, de forma que se establece una cadena emotiva muy enrriquecedora desde el punto de vista personal.

En nuestra sociedad la sensibilidad, al menos exteriorizada, ha sido patrimonio de la mujer, aunque últimamente se acepta e incluso se prefiere que el hombre también muestre esta cualidad.

La sensibilidad se aprecia en los cambios de la escritura, tanto en lo que se refiere a tamaño como a inclinación, presión, velocidad, forma, etc. También los pequeños temblores nos sirven para detectar la existencia de una profunda emotividad.

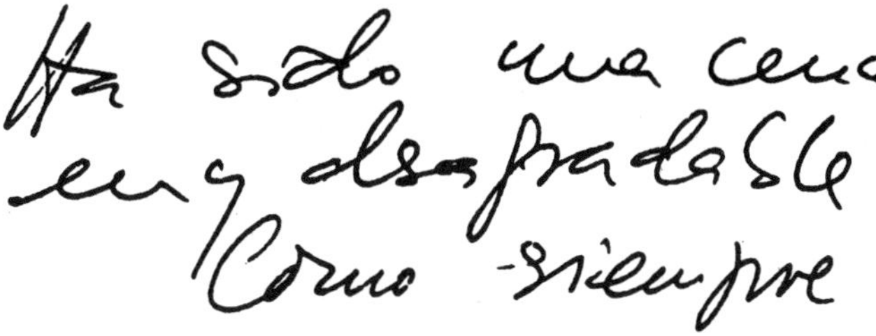

FIG. 223. *Escritura sensible.*

Rápida, cambiante, casi vibrante, así es esta escritura que demuestra la notable sensibilidad de su autor.

Los rencorosos

Perdonan, pero no olvidan, quizá por una mezcla de narcisismo, amor propio y espíritu de revancha al no sentirse bien tratados por la sociedad.

Muchas pueden ser las causas que hacen que una persona sea rencorosa, pero los efectos sobre su escritura podemos apreciarlos sobre todo en la presencia de ángulos, preferentemente en la zona inferior. Los «dientes de jabalí» o los «rasgos del escorpión» (ver «Gestos duros» en el capítulo XI), son buenos ejemplos de rasgos de rencor en la escritura.

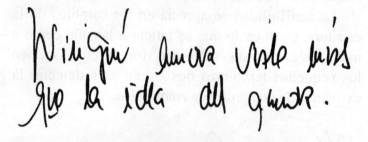

FIG. 224. *Escritura con rasgos de rencor.*

Puntas hacia abajo, algunas largas (como la de la mayúscula inicial) y otras más cortas, como las que aparecen en bastantes letras del texto, manifiestan el carácter rencoroso de esta persona.

Los «buenazos»

Siempre están dispuestos a ayudar a quien se lo pida e incluso se ofrecen a ello gustosamente si piensan que su colaboración es necesaria. No hacen mal a nadie, al contrario, prefieren ser ellos los perjudicados antes que molestar a sus semejantes. Además, perdonan las ofensas con facilidad y sin rencores, soportan «carros y carretas» con estoicismo, reaccionando de buenas maneras incluso en las situaciones más desagradables; en definitiva, son unos auténticos «buenazos».

Pero puede ser también que tras esta imagen se oculten en ocasiones sentimientos de inferioridad o debilidades de carácter que motiven a estas personas a hacer el bien de manera tan denodada.

La escritura de los «buenazos» es, por supuesto, curva y más bien grande, así como espontánea, legible e inclinada a la derecha. La firma es de letras semejantes al texto y la rúbrica (que puede pasar por encima de la firma) más bien curva (a veces con una punta a la izquierda) y no demasiado complicada.

FIG. 225.   *Escritura de un «buenazo».*

Hecha de forma espontánea, ligeramente inclinada a la derecha y con rúbrica que pasa por encima de la firma y rematada con punta a la izquierda. No hay duda de que esta persona estará siempre dispuesta a hacer un favor sin esperar nada a cambio.

Los diplomáticos

Saben estar en todo momento con discrección, elegancia y oportunismo, desenvolviéndose con soltura en todo tipo de ambientes sociales. Siempre tienen la palabra y el gesto justo para cada ocasión y saben salir airosos hasta de los mayores compromisos. Son «diplomáticos» por encima de todo y nunca quedan mal, por difícil que sea la situación.

En su escritura predomina la curva, pero sobre todo el rasgo de diplomacia por excelencia son las guirnaldas que, como vimos en el capítulo V, consisten en cerrar «emes» y «enes» por debajo. Los óvalos cerrados también por abajo, así como los bucles y las lazadas son asimismo rasgos innegables de diplomacia.

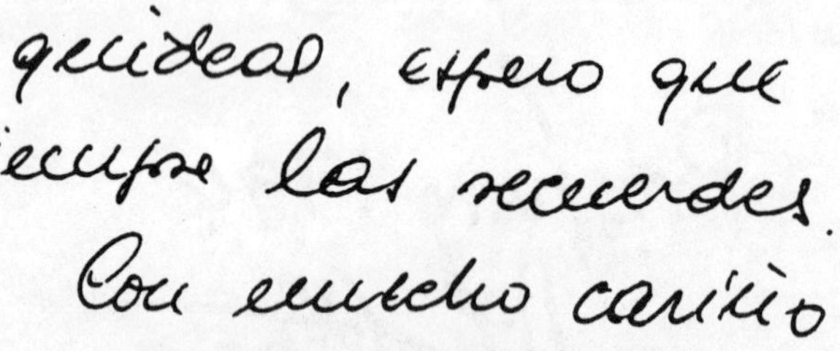

FIG. 226. *Escritura diplomática.*

En este caso son las curvas, las guirnaldas, los óvalos cerrados por debajo, los pequeños bucles y, sobre todo, la elegancia, lo que nos lleva a deducir que se trata de una persona especialmente dotada para realizar funciones que exijan la máxima diplomacia.

Los tímidos

Hay ocasiones en que les gustaría desaparecer, hacerse invisibles, porque no soportan tener que hacer frente a determinadas situaciones, por normales que a otras personas les parezcan. No se atreven a pedir un vaso de agua en un bar o exigir a su jefe que les aumente el sueldo, ni mucho menos declararse a la persona que les gusta. Se les llama tímidos y ellos lo aceptan casi enrojeciendo. Pero atención, porque entre ellos existe un tipo, los llamados «tímidos supercompensados», que, a pesar de serlo, pueden aparentar todo lo contrario y aparecer como los más «lanzados» del mundo. Buenos ejemplos de estos los tenemos entre artistas y gente del mundo de la farándula en general. La letra de los tímidos es, por supuesto, pequeña o muy pequeña y muchas veces inclinada a la izquierda. Se «camina» por los renglones con cierta prevención, por lo que también existen rasgos regresivos (ver «Escritura regresiva» en el capítulo X) que «frenan» el avance hacia la zona de la derecha. Los óvalos (símbolos del «yo») son cerrados y los trazos muchas veces se hacen filiformes por ese afán de pasar desapercibidos que estas personas tienen. La firma puede ser también filiforme o, al menos ilegible, rematada con una rúbrica protectora.

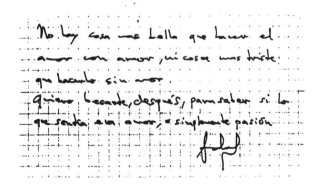

FIG. 227.   *Escritura de una persona tímida.*

A la extrema pequeñez de las letras, ligeramente inclinadas a la izquierda, hay que sumar la firma ilegible y filiforme con rúbrica protectora, para concluir que la timidez es una característica básica del autor de esta nota.

Los divertidos

Siempre están de broma, le «sacan punta a todo», con ellos es imposible aburrirse ni deprimirse, porque por muy tensa y difícil que sea la situación, saben ver su lado jocoso, irónico o simplemente divertido.

La letra de estas personas se caracteriza por ser rápida y variable, tanto en tamaño como en inclinación, forma, dirección, etc. Pero quizá el rasgo clave para detectar este tipo de carácter son los óvalos abiertos por la zona superior, fundamentalmente las «oes», símbolo de que las ideas «escapan» con facilidad de su imaginación. En su firma pueden aparecer símbolos o dibujos, o incluso caricaturas.

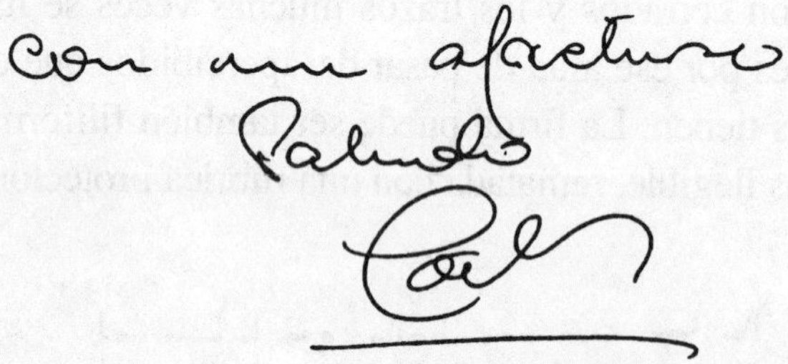

Fig. 228.   *Escritura «divertida».*

Espontaneidad, rapidez y variaciones junto a las «oes» abiertas por arriba y ese rasgo final que sube en un sorprendente escorzo nos hace pensar en el autor como alguien verdaderamente jovial y divertido.

Los «pesaos»

No hay manera de «quitárselos de encima», así que suelen ser temidos por quienes les han de soportar. Pero ellos son así, «pelmas» por naturaleza, dispuestos a contarte las mil y una batallas antes de entrar en materia. Y luego reacios a la despedida, por más que uno dé muestras de cansancio o aburrimiento. Así son los «pesaos», también conocidos como «plomos» o «plastas», lamentablemente frecuentes en nuestra sociedad.

Normalmente son personas con profundas necesidades afectivas que procuran paliar a base de buscar la atención de sus conciudadanos de forma un tanto inconveniente.

Podemos detectarlos por su escritura y de esta forma estar alertas si es que, después de escribirnos, nos llaman o visitan. Suelen hacer letras un tanto anárquicas, con tendencia a ocupar los márgenes y juntar líneas y palabras, sinónimo de su proverbial verborrea. Son frecuentes las rectificaciones, tachaduras, etc., así como los adornos y las espirales. La firma muchas veces se mete en el texto o invade este, igual que sus autores se meten en nuestras vidas y nos torturan con su inefable pesadez.

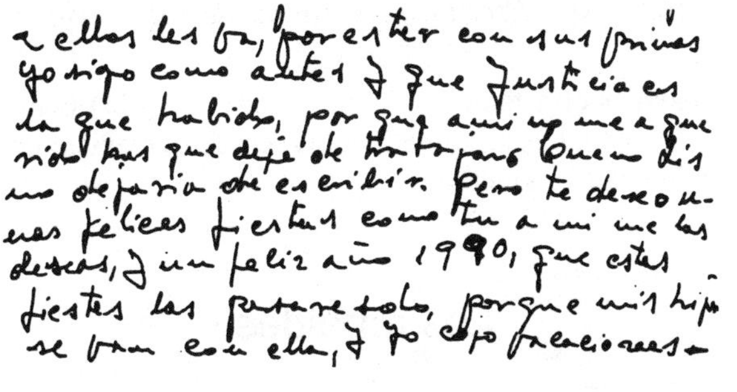

FIG. 229.   *Escritura de un «pesao».*

Anárquica en su distribución, así como llena de enmiendas y retoques que demuestran su carácter obsesivo. Los márgenes no existen y las líneas se juntan unas con otras, al igual que las palabras, poniendo de manifiesto su confusión mental y tendencia a meterse en terreno ajeno, lo que le lleva a ser considerado como un auténtico «pesao».

Los coquetos

No pueden evitar presumir y/o coquetear, sobre todo con las personas del sexo contrario, y no siempre con ánimo de ligar, ni mucho menos, sino que más bien se trata de una actitud consustancial con ellos, muy relacionada con un profundo narcisismo, así como con fuertes necesidades afectivas.

Los rasgos de coquetería son, sobre todo, los bucles y los adornos, los cuales aparecen tanto en escrituras femeninas como masculinas, pues la coquetería no es patrimonio exclusivo de las féminas, ni mucho menos.

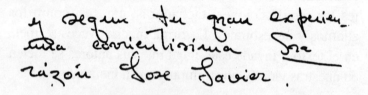

Fig. 230.   *Escritura con rasgos de coquetería.*

Existen bucles tanto en la zona superior («J») como inferior («g»), lo cual es síntoma inequívoco de que existe una acusada tendencia al coqueteo.

Los rebeldes

«¿De qué se trata que me oponga?», sería la frase que define al rebelde por naturaleza o, como dice la canción, «porque el mundo le hizo así». Lo cierto es que son personas que están en contra de todo aquello que signifiquen normas o que «huela» a autoridad. La raíz de esta rebeldía de fondo hay que buscarla en posibles problemas con la figura paterna a través de la cual se transmiten las primeras sensaciones de autoridad a los niños.

El rasgo grafológico de rebeldía por excelencia son los trazos proyectados hacia la zona superior derecha, los cuales pueden aparecer desde en las barras de las «tes» hasta en cualquier otra letra o parte del escrito, particularmente en la rúbrica.

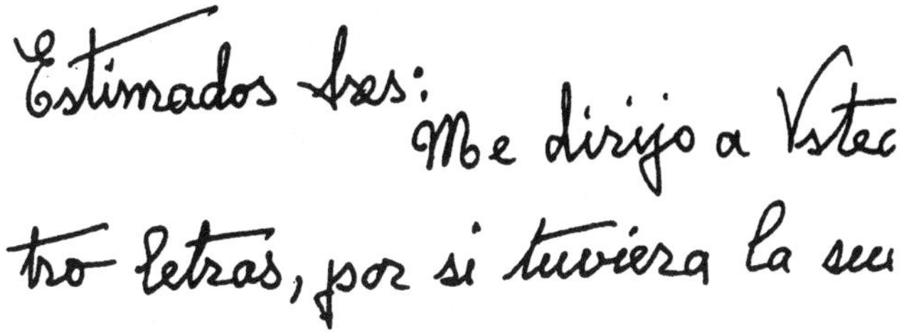

FIG. 231. *Escritura de un «rebelde».*

En este caso es de una rebelde, pues de una mujer se trata a pesar de lo anguloso de la escritura, en la que destacan los rasgos que se proyectan hacia arriba, sobre todo barras de las «tes», pero también la «V».

Los «cabezotas»

Se «cierran en banda» como forma de defenderse ante los demás, de manera que es muy difícil sacarles de sus convicciones y puntos de vista. Su denominación sería la de «obstinados», «testarudos» o, más coloquialmente, «cabezotas», cuya escritura se caracteriza por los rasgos que se dirigen hacia la zona inferior derecha, particularmente las barras de las «tes», los puntos de las «íes», los acentos, la rúbrica, etc. Las palabras y los renglones descendentes son también rasgos de testarudez.

Estos rasgos representan las barreras mentales que estas personas ponen ante los otros. Son como una especie de «tejado psicológico» ante el que rebotan las ideas o iniciativas con las que no están de acuerdo.

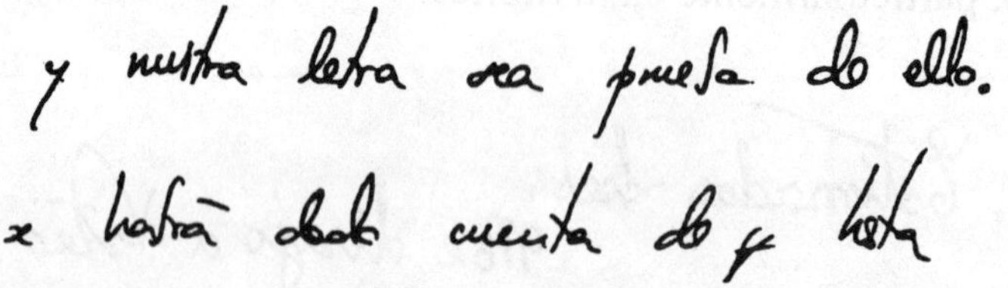

FIG. 232. *Escritura de un «cabezota».*

Las barras de las «tes» y acentos son descendentes, como también las palabras y algunos rasgos como la parte superior de la «b».

Los románticos

Sueñan con un mundo de amor y armonía en el que no existan tensiones ni problemas o, si los hay, sean precisamente los derivados e inevitables del amor.

Les gustan las cosas clásicas, las películas de antes (esas que acababan bien y el chico al final se casaba con la chica), regalar o que les regalen flores, mandar y/o recibir fotos de la persona amada, escribirle cartas de amor, incluso versos. En fin, son los «románticos empedernidos».

¿Qué como escriben? Pues pueden hacerlo de muchas maneras, pero unos rasgos típicos serían las letras con crestas y zona superior en general bastante desarrollada, lo mismo que los pies y la zona inferior. Por cierto, los pies están preferentemente unidos a la letra siguiente (particularmente los de la «g»; ver capítulo XII, «Las letras clave») y habrá bucles y pequeños adornos, pudiendo haber también lazos y lazadas en la rúbrica. También es propio de personas románticas hacer el punto de la «i» redondo y firmar en dirección ascendente o muy ascendente, e incluso añadir dibujos a sus cartas, por supuesto, a las amorosas.

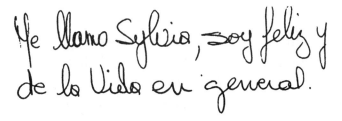

Fig. 233. *Escritura romántica.*

Zonas superior e inferior muy desarrolladas, bucles en los óvalos y pies unidos a las letras siguientes en la escritura de esta mujer decididamente romántica.

Los excéntricos

Se salen de lo corriente y suelen llamar la atención allí dondequiera que van, bien por su forma de vestir o de comportarse o por ambas a la vez. No les gusta ser como los demás y buscan destacar a base de hacer cosas especiales, distintas, originales.

Los hemos denominado «excéntricos» y también su escritura lo es, apareciendo rasgos muy distintos de los que se pueden considerar normales, afectando esto incluso a la legibilidad.

A veces se intenta dar un tono original al texto en su conjunto, utilizando letras diferentes, escribiendo en círculo, intercalando dibujos, entrecruzando líneas, etc. Pero es en la firma y, sobre todo, en la rúbrica, donde los excéntricos encuentran el caldo de cultivo ideal para demostrarnos de lo que son capaces. (Ver «Firmas extrañas» en el capítulo XIII y «Rúbricas exóticas» en el XIV.)

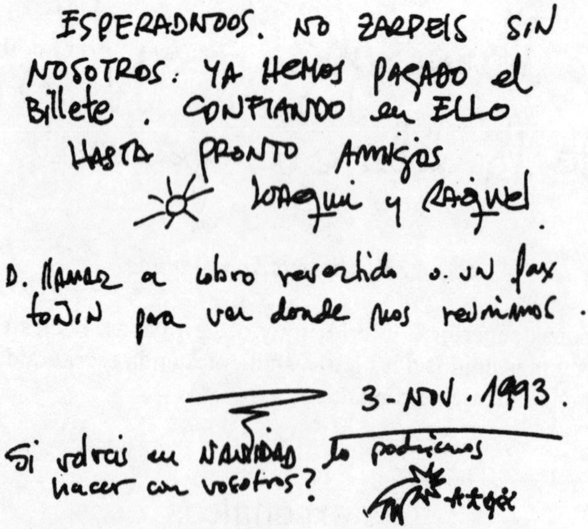
ESPERADNOOS. NO ZARPEIS SIN NOSOTROS. YA HEMOS PAGADO el Billete. CONFIANDO en ELLO HASTA PRONTO AMIGOS
Joaquin y Raquel.
D. llamar a cobro revertido o un fax también para ver donde nos reunimos.
3-NOV-1993.
Si volvéis en NAVIDAD lo podríamos hacer con vosotros?

Fig. 234. *Escritura excéntrica.*

Carta plagada de sorpresas: mezcla de mayúsculas y minúsculas, curiosa disposición del texto, firmas intercaladas en el mismo y profusión de dibujos. En fin, que estamos ante una persona original y, desde luego, un tanto excéntrica.

Relación de figuras

Sobre el autor

José Javier Simón (Madrid, 1952), licenciado en Ciencias Biológicas y especializado en Zoología, ha sido profesor de Matemáticas, Biología y Grafología, y está considerado como uno de los grafólogos españoles de más prestigio.

En la actualidad lleva a cabo un ambicioso proyecto de investigación para contrastar el análisis grafológico de la escritura con otros tests y contribuir de esta manera a su validación como importante auxiliar de la psicología.

Colaborador habitual en prensa, radio y televisión, es autor de *El gran libro de la grafología* (1992) y *Cómo hacer análisis grafológicos* (1996).

BOLSILLO-EDAF

SELECCIÓN EDAF